Dr. med. Anne Fleck | Dr. med. Jörn Klasen
Dr. med. Matthias Riedl | Dr. med. Silja Schäfer

Die Ernährungs Docs

Schlank und gesund durch Intervallfasten

Mit Rezepten von Martina Kittler sowie Texten von
Franziska Pfeiffer und Antje Brunnabend

Inhalt

Die Symbole bei den Rezepten

- Vegan
- Vegetarisch
- Zum Mitnehmen
- Glutenfrei
- Laktosefrei
- Low Carb *weniger als 30 Energie-% aus Kohlenhydraten*

Gesund und fit zum Traumgewicht

Vorbeugen gegen Krankheiten, besser leben, länger fit bleiben und ganz nebenbei überschüssige Pfunde loswerden – Intervallfasten ist der neue Trend in der Ernährungsmedizin. Wir zeigen Ihnen in diesem Buch, was Sie mit Essensverzicht auf Zeit alles gewinnen können.

Wussten Sie, dass der Mensch längere Phasen ohne Nahrung nicht nur gut durchhalten kann, sondern gesundheitlich sogar davon profitiert? Das Prinzip galt schon in der Steinzeit. Unsere Vorfahren durften essen, was sie kriegen konnten, mussten aber fasten, wenn das Jagen und Sammeln nicht von Erfolg gekrönt war. Der menschliche Körper ist dafür angelegt. Hunger auf Zeit schwächt ihn keineswegs. Im Gegenteil: Um längere Perioden ohne Nahrung nicht nur zu überstehen, sondern gestärkt daraus hervorzugehen, speichert der Körper in den Organen und Geweben Energie, die zur Verfügung steht, wenn sie gebraucht wird. Das gilt auch heute noch. Fasten kurbelt die Fettverbrennung an, verjüngt die Zellen und reinigt den Körper.

Inzwischen kann die Wissenschaft bestätigen: Essensverzicht auf Zeit ist Therapie und Prophylaxe bei zahlreichen Zivilisationskrankheiten und eine sehr effektive Methode, um überflüssige Pfunde ohne Crash-Diäten abzubauen und langfristig ein gesundes Gewicht zu halten. Sie müssen dafür Ihr Leben nicht komplett auf den Kopf stellen, sondern können sich langsam daran gewöhnen. Nach einiger Zeit werden Sie wahrscheinlich überrascht feststellen, dass Sie längst nicht so oft essen müssen, wie Sie es vielleicht gewohnt sind. Wir empfehlen in diesem Buch die 16:8-Methode, bei der man innerhalb von acht Stunden zwei oder drei Mahlzeiten zu sich nimmt und über Nacht 16 Stunden fastet. Sie können damit Ihren Lebensstil verbessern, um gesünder zu werden, bestimmte Krankheiten zu bekämpfen, Beschwerden zu lindern und Ihr Wunschgewicht zu erreichen. Unsere Rezepte sind auf diese verschiedenen Bedürfnisse abgestimmt und lassen sich individuell anpassen.

So unkompliziert die Methode auch ist, in der Praxis treten bei den meisten Menschen ähnliche Probleme auf: Heißhunger macht die guten Vorsätze zunichte. Die Lust auf Snacks ist stärker als der Wille. Oder man kann einfach nicht loslassen von lieb gewonnenen, aber ungesunden Gewohnheiten. Deshalb haben wir uns auch diesen Themen gewidmet. Es geht um Achtsamkeit und Wertschätzung für das alltägliche Essen. Wir entlarven Fasten-Mythen und verraten Tricks, mit denen Sie typische Hürden überwinden. Außerdem erklären wir, in welchen Schritten eine sinnvolle langsame Umstellung am besten gelingt. Das Gute daran: Jeder kann seinen individuellen Rhythmus finden. Probieren Sie es einfach aus! Viel Erfolg und guten Appetit wünschen Ihnen

Wie halten Sie es mit dem Fasten?

Schlank, gesund und leistungsstark durch den Alltag – theoretisch ist Fasten ganz einfach. Aber in der Praxis stoßen nicht nur die Patienten der Ernährungs-Docs schnell an ihre Grenzen. Hier berichten Anne Fleck, Jörn Klasen, Matthias Riedl und Silja Schäfer, mit welchen Hürden sie selbst zu kämpfen haben.

Fasten Sie selbst?

Silja Schäfer: Ich faste zweimal in der Woche im Intervall, wenn die Kinder es nicht mitbekommen. Dann lasse ich das Frühstück ausfallen. Lieber würde ich abends verzichten, aber das passt derzeit leider nicht ins Familienleben. Einmal im Jahr heilfaste ich meiner Gesundheit zuliebe.

Matthias Riedl: Ich halte (möglichst) regelmäßig eine lange nächtliche Esspause ein. Ausgiebigeres Fasten ist in meinem Fall nicht so sinnvoll, weil ich dann zu sehr abnehme. Da ich berufsbedingt spät am Abend esse, frühstücke ich meist erst gegen Mittag. Das klappt an Homeoffice-Tagen super, in der Praxis nicht immer. Am Wochenende mache ich eigentlich immer Dinner-Cancelling.

Jörn Klasen: Ich faste einmal im Jahr sieben bis 14 Tage mit Gemüsesäften und einer warmen Brühe am Abend. Dabei trinke ich bei regelmäßigen Einläufen etwa drei Liter täglich. Ansonsten mache ich an drei Tagen in der Woche Intervallfasten.

Anne Fleck: Normalerweise faste ich nicht. Aber ich halte mehrmals in der Woche eine etwa zwölfstündige Esspause über Nacht ein, also eine Art „abgespecktes Intervallfasten".

Welche Vorteile hat das neben den gesundheitlichen für Sie?

Anne Fleck: Diese Esspausen stärken mein Wohlbefinden und ich komme deutlich schwungvoller in den Tag.

Jörn Klasen: Nach den ersten drei Fastentagen fühle ich mich leichter und beschwingt. Mein Bewusstsein hellt sich auf; ich kann klarer denken und bin leistungsfähiger.

Silja Schäfer: Ich kann mich tatsächlich im Laufe des Vormittags besser konzentrieren und bekomme mittags nicht so starken Heißhunger auf Süßes.

Matthias Riedl: Mir geht's genauso. Auch meine sportliche Leistung ist an Tagen mit Intervallfasten deutlich besser.

Wie verbinden Sie das mit Ihrem Beruf?

Matthias Riedl: Wenn es in meiner Praxis hoch hergeht, wird es schwierig. Je größer der Stress, desto größer die Snackgefahr. Meine Seele weiß nur zu gut, dass Essen kurzfristig beruhigen kann.

Silja Schäfer: Ich habe meist drei besonders stressige Tage in der Woche, da möchte ich mir keinen Druck machen und esse ganz normal.

Jörn Klasen: Ich beginne freitags, damit die schwierigere Anfangsphase am Wochenende liegt. Montags kann ich dann leichtfüßig zur Arbeit gehen.

Anne Fleck: Meine Mahlzeiten, die Mini-Fastenzeit über Nacht und die Esspausen zwischendurch kann ich gut einhalten, weil sie maßgeschneidert zu meinem Alltag passen.

Passt es in Ihr Familien- und Privatleben?

Silja Schäfer: Als Mutter finde ich es schwierig, weil ich meinen Kindern einen natürlichen Essrhythmus mit auf den Lebensweg geben möchte. Intervallfasten wird ja oft mit Abnehmen verbunden. Ich will nicht, dass Kinder schon groß über ihr Gewicht sprechen und nachdenken. Wenn die Kinder dabei sind, wird bei mir nicht gefastet. Das gilt auch am Wochenende, da sind Familienmahlzeiten angesagt.

Matthias Riedl: Meine Kinder sind aus dem Haus und haben von mir vieles mitgenommen. Mein Jüngster isst noch strenger vegetarisch als ich. Meine Frau hat die gleichen Gewohnheiten wie ich. Da wir gerne den Tag mit Sport beginnen, weil es abends zeitlich immer zu knapp wird, passt das Fasten über Nacht hervorragend. Vor dem Sport sollte man ja nichts essen. Wir schwimmen auch gerne, das geht mit vollem Magen gar nicht.

Jörn Klasen: Nach den ersten drei Tagen kann ich komplett am Sozialleben teilnehmen, also auch am gemeinsamen Tisch sitzen, während die anderen essen. Ich bin dann auch sportlicher, kann zum Beispiel beim Tischtennis schneller reagieren.

Anne Fleck: Ich mag einfache Dinge, einfaches Essen und Rituale, die sich ohne Aufwand in das Leben integrieren und uns nicht überfordern.

Wie halten Sie es mit Snacks?

Jörn Klasen: Snacks spielen in meinem Leben kaum eine Rolle. Ich esse nur in Ausnahmefällen eine Handvoll Nüsse oder ein Stück Obst zwischendurch.

Silja Schäfer: Ich bin leider eine typische Stress-Esserin. An beruflich anstrengenden Tagen geht es bei mir nicht ohne Snacks.

Matthias Riedl: Böses Thema. Ich vermeide Snacks, weiß aber, dass ich gerne zugreife, wenn ich frustriert bin. Sicherheitshalber habe ich immer meine

Jörn Klasen und Anne Fleck

Lieblings-Biomöhren und eine Packung Nüsse im Auto, wenn mich auf der Heimfahrt unbändige Lust auf Essen überfällt. So komme ich nicht ausgehungert nach Hause und habe gleichzeitig mein Gemüsesoll erfüllt.

Anne Fleck: In der Regel esse ich nicht aus Langeweile oder binde Gefühle damit ab. Wenn sich echter Hunger meldet, esse ich immer etwas. Am liebsten genieße ich dann etwas Obst (zum Beispiel alte Apfelsorten aus der Region), einen Schwung Nüsse (besonders gerne Wal- oder Pekannüsse) oder einen Joghurt mit Pinienkernen und etwas Honig.

Wie halten Sie es auf Reisen, bei Feiern oder Veranstaltungen?

Anne Fleck: Ich bin ein Genussmensch, gutes Essen bewerte ich auch als Ausdruck von Lebensfreude. Süßigkeiten zu Weihnachten oder die Geburtstagstorte in Maßen finde ich nicht schlimm. Leider ähnelt das Büfett bei manchen Veranstaltungen einer Zucker- und Kohlenhydratorgie. Da mache ich einen Bogen drum herum. Ansonsten versuche ich, möglichst auch unterwegs das zu essen, was mir bekommt und schmeckt.

Silja Schäfer: Das sind alles Erlebnisse, auf die ich mich sehr freue. Wenn ich glücklich bin, esse ich automatisch sehr bewusst und gesund und kann viel besser auf meinen Körper hören, was er überhaupt braucht.

Matthias Riedl: Ich achte als Ernährungsmediziner immer auf das, was ich esse. Ein Polizist überquert die Straße ja auch nicht bei Rot. Nein, Spaß beiseite. Ich esse gerne gesund und esse lieber mal nichts, wenn es nichts Ordentliches gibt. Im Flugzeug rühre ich das Fastfood nicht mehr an. Wenn ich eingeladen bin, mache ich Ausnahmen. Dann esse ich auch eine Grillwurst. Auf Reisen und Kongressen habe ich immer meine Möhren, Paprika und Nüsse oder einen Elstar-Apfel dabei, damit ich kein billiges Brötchen am Kiosk kaufen muss. Unglaublich, aber wahr: Auf deutschen Diabeteskongressen gibt es Kuchen und Brötchen. Die rühre ich nicht an. Aber Feste wie Weihnachten werden einfach gefeiert - auch mit Mousse au Chocolat und Marzipan.

Jörn Klasen: Unterwegs esse ich nicht anders als sonst. Inzwischen stört es mich kaum noch, wenn ich damit in Gesellschaft aus dem sozialen Rahmen falle.

Und was ist mit Süßigkeiten, Kuchen und Co.?

Matthias Riedl: Ich esse meist nur Schokolade mit 80 Prozent Kakaoanteil, Marzipan aus Schleswig-Holstein, selbst gemachtes Popcorn ohne Zucker oder selbst gebackenen Kuchen mit Sahne. Industrieware oder stark zuckerhaltige Süßigkeiten kaufe ich gar nicht; sie schmecken mir auch nicht. Greife ich in äußerster Not doch mal zu, fühle ich mich nicht gut und ärgere mich, dass sich das in Sachen Genuss nicht mal gelohnt hat. Manchmal snacken meine Frau und ich abends Erdnusslocken - ohne Geschmacksverstärker wie Salz und Co. Davon kann man dann auch schneller die Finger lassen.

Anne Fleck: Zugegeben, ich bin ein großer Fan von Eis, vor allem Sorbet, und guter Schokolade, die ich mir regelmäßig gönne. Wahrscheinlich liebe ich sie wegen des hohen Magnesiumgehalts so.

Jörn Klasen: Oh, ich war ein extrem Süßer. Manche Tafel Schokolade musste dran glauben. Das habe ich mir abgewöhnt. Heute ist mir die meiste Schokolade viel zu süß. Für ein schönes Stück Kuchen mit Sahne

Matthias Riedl und Silja Schäfer

bin ich allerdings weiterhin zu haben. Kürzlich habe ich eine Verkäuferin arg enttäuscht, als sie mich beim Kuchenkaufen erkannte. „Sie essen Kuchen?“ Meine Antwort: „Ja, zweimal die Woche mit Genuss!“

Silja Schäfer: Leider mein Verhängnis. Ich kann bei einem selbst gebackenen Kuchen und Eis aus der Eisdiele leider nicht Nein sagen. An süßen Dingen beim Bäcker kann ich aber sehr gut vorbeischlendern, weil die „leer“ schmecken, wenn man sich ansonsten ausgewogen und gesund ernährt.

Was fällt Ihnen schwer?

Silja Schäfer: Regelmäßigkeit. Ich würde gerne kontinuierlich intervallfasten und zweimal jährlich heilfasten, kann das aber im Alltag noch nicht immer umsetzen. Ich arbeite daran.

Matthias Riedl: Bei Stress nicht zu snacken und auf Schokolade zu verzichten. Ich würde gerne öfter mal einen koffeinhaltigen Espresso trinken, gehöre aber zu den koffeinempfindlichen Menschen und muss deshalb leider darauf verzichten.

Jörn Klasen: Bei Kuchen und Eis muss ich mich echt zusammenreißen, vor allem auch wenn ich faste.

Anne Fleck: Auf Schokolade zu verzichten.

Was gefällt Ihnen besonders?

Matthias Riedl: Intervallfasten hilft gerade in unserer heutigen Zeit des Überflusses dabei, eine bessere Essstruktur zu bekommen.

Silja Schäfer: Heilfasten – wenn ich dazu komme. Mir gefällt es auch, bei meinen Patienten immer wieder zu sehen, welche Auswirkungen Fasten haben kann. Auch wenn man es nicht regelmäßig schafft, bringen kleine, aber kontinuierliche Veränderungen große Erfolge.

Anne Fleck: Mit der Kombination aus ärztlich betreutem Heilfasten und einer individuellen Ernährungsumstellung habe ich vielen schwer kranken Patienten enorm helfen können.

Jörn Klasen: Fasten ist für mich eine Lebenseinstellung, weil ich erlebe, wie wichtig Mäßigung in unserer krank machenden Überflussgesellschaft ist. Bei mir erhöht bewusster Verzicht den Genuss danach. Nie hat ein Apfel so gut geschmeckt wie das erste Stückchen nach dem Fasten.

Die Heilkraft des Fastens

Das Prinzip des Intervallfastens ist uralt und evolutionsbiologisch höchst sinnvoll. Die Fähigkeit, nicht ständig essen zu müssen, hat uns in Hungerzeiten das Überleben gesichert. Heute schützt es uns vor den Gefahren des Überflusses und hilft uns, ohne Hungern überflüssige Pfunde zu verlieren.

Wer will, der kann: In der heutigen Überflussgesellschaft steht uns rund um die Uhr Nahrung im Übermaß zur Verfügung. Wir können essen, wann immer und wo wir wollen. Wir müssen nicht mehr warten bis zur nächsten Mahlzeit, bis wir nach Hause kommen, bis ein Restaurant öffnet oder bis wir einen Ort gefunden haben, an dem wir ungestört eine selbst gekochte Mahlzeit zu uns nehmen können. Der nächste Bäcker ist nicht weit. Beim Schnellimbiss gibt's keine Wartezeit. Supermärkte haben bis in die späten Abendstunden geöffnet. Zu Hause sind die Schränke voll mit Fertiggerichten. Und wenn all das nicht schnell genug geht, lockt auch noch Essen to go in der nächsten Fußgängerzone oder am Drive-in-Schalter.

Wir sind schon früh chronisch krank

Das hat fatale Folgen für die Gesundheit: Mehr als die Hälfte aller Deutschen ist übergewichtig – mit zahlreichen negativen Auswirkungen. Dazu gehören vor allem Zivilisationskrankheiten wie Bluthochdruck, Diabetes Typ 2, chronische Entzündungen, Fettleber, Herz-Kreislauf-Erkrankungen und überlastete Gelenke. Etwa 42 Prozent der Frauen und 35 Prozent der Männer bezeichnen sich selbst als chronisch krank. Mit dem Älterwerden nimmt die Zahl weiter zu: Ab 65 Jahren sind jeweils mehr als die Hälfte aller Frauen und Männer betroffen. Mit Fasten in all seinen vielfältigen Formen, wie wir sie heute kennen, können wir diesem Trend auf mehreren Ebenen entgegentreten. Nahrungsverzicht auf Zeit ist längst nicht mehr nur etwas für Hungerkünstler und Asketen. Vor allem der segensreiche Trend des Intervallfastens wird immer populärer und bewährt sich, weil er äußerst wirksam und alltagstauglich ist. Auch wenn es am Anfang für manche erst einmal gewöhnungsbedürftig sein kann, sind unsere Gene auf zeitweiligen Verzicht programmiert. Das Schlaraffenland, in dem wir heute leben, ist von der Natur nicht vorgesehen. Hatten unsere Vorfahren Erfolg bei der Jagd, musste schnell vertilgt werden, was da war, um Polster für schlechtere Zeiten anzulegen, in denen es vielleicht tagelang nichts gab. Einen ähnlichen Zustand müssen wir heute erzwingen, um davon gesundheitlich zu profitieren. Öfter mal eine überschaubare Zeit lang nichts zu essen, wirkt auf den Körper wie ein heilsamer Schock.

Länger schlank und gesund bleiben

Die heilende Wirkung des Fastens bei Krankheiten ist schon sehr lange bekannt. Bereits der griechische Arzt Hippokrates (460–370 v. Chr.) setzte darauf. „Wer stark, gesund und jung bleiben will, sei mäßig, übe den Körper, atme reine Luft und heile sein Weh eher durch Fasten als durch Medikamente", soll der Vater der Heilkunde und Mitbegründer der abendländischen Medizin gesagt haben. Knapp zweieinhalb Jahrtausende später gilt dieser Satz immer noch. Krankheitssymptome können durch freiwilligen Nahrungsentzug gelindert werden. Esspausen verbessern den Zucker- und Fettstoffwechsel. Was zuerst an Mäusen wissenschaftlich bewiesen werden konnte, gilt auch für Menschen: Wer es schafft, regelmäßig längere Esspausen durchzuhalten, bleibt eher gesund und schlank. Weitverbreitete Krankheiten wie beispielsweise die Zuckerkrankheit Diabetes Typ 2, Bluthochdruck, Fettleber, Rheuma, leichte Depressionen, Allergien oder Kopfschmerzen können sich bessern. Intermittierendes Fasten beziehungsweise Intervallfasten unterstützt das Abnehmen bei Übergewicht, hält jung, fördert eine gesunde Darmflora, stärkt das Immunsystem, macht leistungsfähig und hemmt Entzündungen im Körper.

Stimmungshochs und Glücksmomente

Viele Menschen, die es ausprobiert haben, berichten, dass sie leistungsfähiger sind und häufiger Stimmungshochs und Glücksmomente erleben, die mit einem fast dauerhaft übervollen Bauch kaum vorkommen. Das liegt daran, dass negative Gefühle wie Stress und Unzufriedenheit viel Serotonin verbrauchen. Dem Körper fehlt dieses Glückshormon dann; er reagiert mit schlechter Laune, was häufig zu Frustessen führt. Auch das hat die Natur schlau angelegt: Hungerphasen durften die Menschen nicht schwächen, denn gerade, wenn es nichts gab, war der Erfolg beim Jagen und Sammeln so wichtig, dass die Motivation stimmen musste. Also bildet der Körper in der Not mehr Serotonin. Wir merken: Intervallfasten macht glücklich.

Eine Wohltat für die Seele

Viele Menschen auf der ganze Welt üben sich aus religiösen Gründen in Abstinenz. Manche Religionen schreiben bestimmte Perioden vor, in denen nicht oder nur zu bestimmten Zeiten gegessen werden darf. So mancher Anhänger nutzt den Verzicht, um sein Bewusstsein zu erweitern. Dass Gläubige dabei gesund werden, war und ist ein angenehmer Nebeneffekt. Doch auch ohne religiös zu sein, erkennen wir zunehmend, dass es nicht nur dem Körper guttut, sondern auch dem Geist, wenn wir bei der Nahrungsaufnahme immer wieder Pausen einlegen. Die Seele profitiert vom Entschleunigen und Reduzieren in vielen Bereichen. Das gilt auch fürs Essen. Seltener und dafür bewusster und achtsamer eine Mahlzeit zu genießen, kann zur Lebenseinstellung werden, die bestenfalls für immer bleibt.

Lange leben und aktiv sein

Wenn wir ans Älterwerden denken, dominiert vor allem ein Wunsch: Wohl jeder möchte so lange wie möglich aktiv bleiben und die späten Phasen des Lebens noch genießen können. Wenn die familiäre und berufliche Rushhour des Lebens vorüber ist, kann eine sehr erfüllende Zeit beginnen – mit weniger Stress und mehr Freiheiten. Mit ausreichend Zeit, um Dinge zu tun, die einem Freude machen. Das funktioniert aber nur, wenn man lange gesund, fit und biologisch jung bleibt. Dafür lässt sich einiges tun: Ausgewogene Ernährung, ein guter Umgang mit Stress und regelmäßig Bewegung tragen dazu bei, dass wir lange aktiv sein können.
Wer zusätzlich regelmäßig auf Fastenkuren, Fastentage oder auf Intervallfasten setzt, profitiert durch die sogenannte Autophagie davon. Dabei handelt es sich um einen Vorgang, der die Zellen im ganzen Körper jung hält. Diese „Allzweckwaffe gegen altersbedingte Erkrankungen" ist eine natürliche Reaktion auf Nahrungsmangel. Der Organismus baut beim Hungern Bestandteile ab, die nicht gebraucht werden, um Energie daraus zu gewinnen. Das ist eine Art Selbstreinigungsprozess, der jung hält (siehe Seite 27). Seltener zu essen, kann also das Leben verlängern.

▶ *Seite 14*

Unser Favorit: Intervallfasten 16:8

Innerhalb von acht Stunden essen und 16 Stunden fasten – diese Methode ist besonders praxistauglich. Sie lässt sich im Alltag leicht umsetzen und durchhalten. Mit dem bewährten Fastenmodell kommen die meisten überraschend gut zurecht.

Es gibt viele verschiedene Fastenarten, die jeder so anwenden kann, wie sie zu seinem persönlichen Lebensstil passen. Wir haben uns in diesem Buch schwerpunktmäßig das Intervallfasten nach der 16:8-Methode vorgenommen, weil sich das in unseren Praxen besonders bewährt hat. Unsere Patienten halten es gut durch und gewöhnen sich dabei an kleinere Portionen, sodass sie ihr Essverhalten besser kontrollieren können. Auch wir, die Ernährungs-Docs selbst, profitieren übrigens davon, denn der Alltag mit zwei oder drei Mahlzeiten innerhalb von acht Stunden lässt sich hervorragend mit unserem Berufs- und Privatleben verbinden (siehe Seite 6). Was genau hat es damit auf sich?

Drei Mahlzeit in acht Stunden

Sie können das 16:8-Fasten mit zwei oder drei Mahlzeiten durchführen. Dreimal essen in acht Stunden heißt, dass Sie zwischen Frühstück und Mittagessen und zwischen Mittag- und Abendessen jeweils eine Esspause von vier Stunden einlegen. Längere Phasen ohne Essen ergeben sich von ganz allein, wenn Sie entweder das Frühstück oder das Abendessen nach hinten beziehungsweise nach vorn verschieben. Die dritte Mahlzeit, in diesem Fall das Mittagessen, findet um die übliche Mittagszeit statt, wie Sie es wahrscheinlich gewohnt sind. Das Drei-Mahlzeiten-Prinzip ist vor allem für Einsteiger gut geeignet. Ein typischer Intervallfastentag kann dann zum Beispiel wie folgt aussehen:

- Sie trinken **morgens** früh nur eine Tasse schwarzen Kaffee, einen Tee ohne Zucker oder Wasser und machen sich dann auf den Weg zur Arbeit.
- Da gibt es zwischen 9 und 10 Uhr Ihr **Frühstück.**
- Mittags zwischen 13 und 14 Uhr essen Sie Ihr **Mittagessen.**
- Das **Abendessen** muss bis 18 Uhr beendet sein.
- Über Nacht halten Sie eine Esspause ein.

Zweimal essen: morgens spät, abends früh

Die Alternative dazu sind zwei statt drei Mahlzeiten innerhalb der acht Stunden, in denen Essen erlaubt

Vorsicht bei Diabetes

Wer an Diabetes Typ 1 oder Typ 2 leidet, sollte das Frühstück nicht ohne Rücksprache mit dem Diabetologen streichen und ein kohlenhydratarmes Abendessen zu sich nehmen. Das hält den Blutzuckerspiegel tagsüber stabiler. Sehr gut am Morgen sind Haferflocken, da deren Beta-Glucane den Blutzucker senken. Probieren Sie aus, ob sich Ihre Blutzuckerwerte bessern. Für Typ-2-Diabetiker, die keine Blutzuckersenker nehmen, ist Intervallfasten ohne Einschränkungen ideal – gerade bei Übergewicht.

ist. Häufig ergibt sich das mit der Zeit von allein, wenn Sie merken, dass Sie statt vier Stunden ohne Nahrung auch acht essfreie Stunden ohne Hunger und ohne andere Beschwerden schaffen können. Wenn Sie mit zwei Mahlzeiten am Tag auskommen, nehmen Sie die beiden Hauptmahlzeiten zu Beginn und am Ende der achtstündigen Essphase ein. Während der darauffolgenden 16 Stunden – also über Nacht – wird gefastet:

- Sie können den **Morgen** – ähnlich wie beim Intervallfasten mit drei Mahlzeiten – mit Wasser, Tee oder einem schwarzen Kaffee beginnen.
- Ausgiebig **gefrühstückt** wird erst um 10 oder 11 Uhr. Das Mittagessen fällt danach aus.
- Die **zweite (und letzte) Mahlzeit** des Tages nehmen Sie am späten Nachmittag beziehungsweise frühen Abend zu sich – nach acht Stunden Pause.
- Danach ist Schluss bis zum Frühstück am nächsten Tag.

Gemeinsames Familienessen

Das frühe Abendessen hat einen großen Vorteil: Sie schlafen besser, weil der Körper sich nachts nicht mehr so viel mit der Verdauung beschäftigen muss. Eine andere Möglichkeit, die viele gerne nutzen, um ein gemeinsames Abendessen mit der Familie zu haben, besteht darin, dass Sie gar nicht frühstücken, dann um die Mittagszeit etwas essen und die zweite Mahlzeit abends einnehmen. Die Fastenphase beginnt dann etwas später, hält am nächsten Tag aber auch länger an.

Und natürlich bitte nicht vergessen: Snacks sollte es wirklich nur im Notfall geben – oder zum Umgewöhnen auf die langen Esspausen. Sie sind bei beiden Modellen sowohl in der 16-stündigen Fastenphase als auch zwischen den Mahlzeiten während der Essphase tabu. Um in dauerhaftes Intervallfasten einzusteigen, eignet sich eine Woche Heilfasten, bei der Sie sich von Ernährungsmedizinern oder geschulten Ernährungsberatern begleiten lassen.

Praktische Wochenpläne

Sie möchten das 16:8-Intervallfasten nicht nur Ihrer Gesundheit zuliebe nutzen, sondern damit auch Übergewicht abbauen? Um richtig abzunehmen, können Sie die Kalorien auf etwa 1500 pro Tag bei normaler körperlicher Tätigkeit reduzieren. Ansonsten sollten Sie maximal 2000 Kalorien täglich zu sich nehmen. Wie typische Intervallfastentage mit zwei oder drei Mahlzeiten, mit denen Sie auf die nötigen Kalorien kommen, aussehen können, zeigen wir Ihnen mit den Wochenplänen ab Seite 158.

DIE ERNÄHRUNGS-DOCS

Wer darf nicht fasten? Trotz aller gesundheitlichen Vorteile sind Fasten und Intervallfasten nicht für jeden geeignet. Es gibt Personen, die lieber nicht fasten sollten. Dazu gehören Migräniker, Schwangere, Stillende, Patienten mit niedrigem Blutdruck oder Menschen in sehr hohem Lebensalter. Chronisch Kranke befragen sicherheitshalber ihren Arzt. Wer unter Magersucht oder anderen Essstörungen leidet oder untergewichtig ist, sollte ebenfalls aufs Fasten verzichten. Auch für Krebspatienten sind längere Fastenkuren ungeeignet. Während der Krebstherapie kann das Intervallfasten in bestimmten Situationen sinnvoll sein (siehe Seite 27). Wichtig zu wissen: Fasten kann die Wirkung der Antibabypille beeinträchtigen.

Fasten ist keine Crash-Diät

Häufig werden wir nach dem Unterschied zwischen Fasten und Hungern beziehungsweise herkömmlichen Diäten gefragt. Den gibt es tatsächlich und er ist sehr groß: Wenn jemand nur die Kalorien reduziert, die Zähne zusammenbeißt und das eine Zeit lang mit großer Willenskraft durchhält, fühlt der Körper sich bedroht. Er besitzt Notprogramme für diese gefühlte Katastrophe, die er sofort startet. Der Organismus baut zunehmend auch Muskeln ab, lässt uns frieren, senkt den Energieverbrauch und hält ihn auch dann noch niedrig, wenn die Diät vorbei ist. Also nehmen wir schnell wieder zu, sobald wir erneut normal essen. Beim Intervallfasten wird genau dieser Effekt vermieden, denn der Körper reduziert den Energieverbrauch nicht, sobald er merkt, dass nicht zu wenig, sondern nur zu anderen Zeiten gegessen wird. Der Stoffwechsel wird nicht gedrosselt, die Fettverbrennung nicht eingestellt und die Muskulatur bleibt erhalten. Das ist wichtig, um den Jo-Jo-Effekt zu vermeiden.

Gefährliches Bauchfett reduzieren

Meist zeigt sich schnell, dass Intervallfasten allein keine Garantie fürs Abnehmen ist. Ob man überhaupt Gewicht verliert und wie viele Kilos jemand loswird, ist individuell sehr unterschiedlich. Der Abnahmeerfolg hängt unter anderem vom Ausgangsgewicht ab, aber auch davon, wie viele Kalorien man in welcher Nährstoffzusammensetzung in den Essphasen zu sich nimmt. Ein wichtiger Aspekt ist dabei das Thema Bauchfett. Dieses sogenannte viszerale Fett ist besonders gefährlich. Es nistet sich auch bei schlanken Menschen zwischen den Organen ein, kann sich entzünden und sendet dann Botenstoffe in den Körper, die das Risiko für verschiedene Erkrankungen erhöhen. Dazu gehören Herz-Kreislauf-Krankheiten und das metabolische Syndrom. Beim Fasten werden Stoffe ausgeschüttet, die diese Entzündungen eindämmen – beim Intervallfasten wird vor allem das ungünstige Bauchfett abgebaut.

Nicht auf kurze Zeit anlegen

Anders als dauerhaftes Intervallfasten haben begrenzte Fastenphasen selten nachhaltige Folgen. Eine Fastenkur, die man ein paar Tage oder Wochen durchhält, hat zwar gesundheitsfördernde Effekte und man nimmt dabei auch ab, doch lässt sich der Gewichtsverlust nicht halten, wenn sich keine grundlegende Ernährungsumstellung anschließt. Ist die Fastenkur vorbei, verhält der Körper sich genauso wie nach einer Crash-Diät; er holt sich zurück, was er in der Zeit des Darbens entbehrt hat. So zeigte zum Beispiel eine Studie an gesunden Männern, die während des Ramadan 28 Tage jeweils mehr als 14 Stunden nichts aßen, dass die Probanden auf die

Dauer kaum Gewicht verloren. Nach dem Ramadan gingen die Vorteile für den Stoffwechsel verloren, sobald die Männer sich wieder ernährten wie vorher.

Alles essen, nur nicht immer?

Zwar haben Sie beim Intervallfasten gewisse Freiheiten („Alles essen, nur nicht immer"), der gesundheitliche Mehrwert entsteht aber erst, wenn Sie sich innerhalb der achtstündigen Essphase – oder an den Nicht-Fastentagen beziehungsweise Schlemmtagen – gesund und ausgewogen ernähren. Hauptnahrung sollte frische Pflanzenkost sein. Fisch und Fleisch kommen nur selten auf den Tisch und wenn, möglichst in optimaler Qualität. Dabei verzichten Sie weitgehend auf Zucker und Süßigkeiten, Wurstwaren, Fertigprodukte, tierische Fette und verarbeitete Kohlenhydrate (schnelle Carbs), wie etwa Weißbrot. Proteinreiche Mahlzeiten, am besten mit viel Pflanzeneiweiß, sorgen dafür, dass man die Esspausen gut durchhält und ein Muskelabbau vermieden wird. Mit reichlich Ballaststoffen (langsame Carbs) fördern Sie auch die Gesundheit Ihres Darms, deren Bedeutung für unser Wohlbefinden insgesamt immer besser erforscht wird. Nach diesen Kriterien sind unsere Rezepte zusammengestellt, die auf Seite 48 beginnen.

Am Anfang gewöhnungsbedürftig

Am Anfang kann Fasten durchaus gewöhnungsbedürftig sein. Die Natur hat den Menschen so angelegt, dass er prinzipiell nicht gerne verzichtet. Das Bedürfnis zuzugreifen, wenn es etwas Essbares gibt, ist tief in unseren Genen verankert. Der ewige Traum vom Schlaraffenland geht auch in der Überflussgesellschaft nicht einfach verloren. Um dem entgegenzuwirken, müssen wir uns immer wieder überwinden und uns manchmal auch selbst austricksen. Wir geben Ihnen in diesem Buch zahlreiche Anregungen dazu – von Überbrückungstipps für schwierige Phasen über Ideen für mehr Bewegung bis hin zu kleinen Lektionen in Sachen Achtsamkeit beim Essen. Ein erster Schritt in Richtung Fasten ist der Verzicht auf Snacks zwischen den Mahlzeiten für drei bis fünf Stunden. Bei manchen Erkrankungen sind Zwischenmahlzeiten jedoch notwendig. Im Zweifelsfall fragen Sie Ihren Arzt.

Was Frauen beachten sollten

Frauen vertragen Intervallfasten manchmal schlechter als Männer, denn bei ihnen reagieren die Hormone empfindlicher auf die Ernährung. So kommt es bei manchen Frauen zu Haarausfall, Schlafstörungen oder Stimmungsschwankungen, wenn sie intermittierend fasten. Das liegt daran, dass Zeitverschiebungen beim Essen den Hormonhaushalt durcheinanderbringen können. Der Hintergrund: Der Körper fühlt sich von einer vermeintlichen Hungersnot bedroht und versucht, das Gewicht zu halten. Das setzt Stresshormone frei und sorgt gleichzeitig dafür, dass weniger Sexualhormone gebildet werden. Bei Männern kommt es zwar auch zu solchen Reaktionen – die verlaufen aber konstanter und fallen deshalb weniger auf. Im Rahmen einer Studie litten fastende weibliche Ratten nicht nur unter Schlafstörungen, bei ihnen schrumpften auch die Eierstöcke. Frauen, die beim Intervallfasten hormonbedingte Probleme bekommen, können das vermeiden, indem sie eher kürzere Esspausen einlegen (zwölf bis 13 Stunden), nicht während der Menstruation und nicht an aufeinanderfolgenden Tagen fasten. An Tagen mit essfreien Phasen sollten sie kein hartes körperliches Training absolvieren.

Verzicht in vielen Varianten

Intervallfasten tut dem Körper gut. Doch welche Methode ist die richtige für mich? Hier finden Sie einen Überblick über die verschiedenen Möglichkeiten des Fastens auf Zeit, mit dem Sie herausfinden können, was zu Ihnen passt, wie Sie sich ans Fasten gewöhnen und Ihre Ziele erreichen können.

Fasten bedeutet, eine Zeit lang freiwillig aufs Essen zu verzichten. Wie lange, hängt von den persönlichen Voraussetzungen und Zielen ab und bleibt jedem selbst überlassen. Jemand, der bis zum nächsten Strandurlaub ein paar Kilo abnehmen möchte, braucht eine andere Fastenstrategie als jemand, der einen Typ-2-Diabetes schnell stoppen und umkehren will. Fasten ist flexibel und kann immer wieder neu an die aktuelle Lebenssituation angepasst werden. Von ein paar Stunden bis zu mehreren Tagen und Wochen ist alles möglich.

Mindestens zwölf Stunden

Die Mindestzeit, von der an man von Fasten spricht, beträgt zwölf Stunden: Ab diesem Zeitraum schaltet der Körper auf Fettverbrennung um. Noch vor wenigen Jahrzehnten war dies die übliche Esspause über Nacht: Man aß das Abendbrot um 19 Uhr und fastete bis zum folgenden Morgen. Beim Frühstück um 7 Uhr ergab das ein zwölfstündiges Fasten. Späte Snacks vor dem Fernseher waren damals nicht üblich. Nicht umsonst lautet der englische Ausdruck für Frühstück „breakfast": das Fasten brechen. Mit kurzen stundenweisen Fastenperioden sind beeindruckende Erfolge nachgewiesen. Die Faustregel lautet: Für gesunde Menschen sind kürzere Fastenzeiten vollkommen ausreichend. Je ausgeprägter Übergewicht, Insulinresistenz, Typ-2-Diabetes und andere Gesundheitsprobleme sind, umso längere Fastenzeiten sind nötig, um den Körper – am besten unter ärztlicher Begleitung – wieder gesunden zu lassen.

Alternierendes Fasten

Um abzunehmen, halten Übergewichtige meist eine kalorienreduzierte Diät ein. Das bedeutet: Tag für Tag Kalorien zählen, gegen Hunger und Essgelüste ankämpfen, wochen- und monatelang. Schwer durchzuhalten, wie jeder weiß, der es mal versucht hat. Amerikanische Adipositasforscher ersannen nun ein Experiment: Sie wiesen einen Teil ihrer Versuchspersonen an, nur jeden zweiten Tag eine strenge Diät zu halten. An den anderen Tagen durften sie essen, was sie wollten. Ergebnis: Auch diejenigen, die sich nur jeden zweiten Tag beherrschen mussten, nahmen ab und konnten sich über bessere Blutwerte freuen. Zudem war diese Form der Diät leichter durchzuhalten. Die Probanden konnten ihren Gewichtsverlust auch nach dem Experiment halten. Sie bauten fast ausschließlich Körperfett, aber keine Muskeln ab. Aus diesen Erkenntnissen entstand die „Jeden-zweiten-Tag-Diät": einen Tag normal essen, einen Tag fasten beziehungsweise sehr wenig essen. Da strenges Fasten vielen Menschen schwerfällt, hat sich unter dem Begriff „alternierendes Fasten" eine Variante verbreitet, die an den Fastentagen bis zu 500 Kalorien für Frauen und bis zu 600 Kalorien für Männer erlaubt. Diese Menge kann auf eine oder mehrere Mahlzeiten verteilt werden. Es handelt sich genau genommen nicht um echtes Fasten, sondern um eine extrem kalorienreduzierte Diät an den Fastentagen. Die Wirkung reicht nicht ganz an die Ergebnisse heran, die mit reinem Wasserfasten an den Fastentagen zu erzielen sind. Die Effekte

Die Fasten-Klassiker

Ein paar Tage oder sogar Wochen lang unter fachkundiger Anleitung statt fester Nahrung nur Wasser, Tee, Kaffee, Säfte oder Gemüsebrühe zu sich zu nehmen, hat als Heilmethode eine lange Tradition. Wie funktionieren Heil- und Wasserfasten?

HEILFASTEN

In vielen Fachkliniken in Deutschland wird Heilfasten seit Jahrzehnten zur Behandlung verschiedener Krankheiten eingesetzt. Die bekannteste Form dauert sieben bis 14 Tage und geht auf Otto Buchinger (siehe Seite 28) zurück. Dabei wird täglich eine kleine Kalorienmenge – etwa 200 bis 300 Kalorien – in Form von Säften und Gemüsesuppen aufgenommen. Zum Heilfasten gehören auch Bewegungstherapie und Entspannungsmethoden sowie die sogenannte Ausleitung: ein Abführtag, Schwitzen in der Sauna, Leberwickel sowie große Mengen an Wasser und Tee, um die Reinigungs- und Regenerationsprozesse zu unterstützen. Mit mindestens zwei Aufbautagen (Fastenbrechen) wird die Rückkehr zum normalen Essen vorbereitet. Es gibt aber auch noch andere Arten des Heilfastens für verschiedene Zwecke, zum Beispiel die Schrothkur, Mayr-Kur, Basenfasten, Schleimfasten oder eine Molkekur. Die Erfolge sind unterschiedlich und nicht immer gut belegt. Heilfasten wird am besten unter fachkundiger Anleitung in Gruppen durchgeführt. Eine Kur auf eigene Faust ist nur bei manchen Varianten machbar.

WASSERFASTEN

Während sich in Deutschland ausgefeilte Heilfastenmethoden wie das Buchinger-Fasten verbreitet haben, ist andernorts reines Wasserfasten üblich: also schlicht nichts essen und ausschließlich Wasser und Tee trinken. Auch schwarzer Kaffee ist erlaubt. Bei längerem Fasten ist zudem die Einnahme von Vitaminen und Mineralstoffen sinnvoll. Sehr bewährt hat sich selbst gekochte Knochenbrühe, die dem Körper Salz und Mineralien liefert und eine gute Elektrolytversorgung sicherstellt. Die geringe Kalorienmenge tut dem Fastenerfolg keinen Abbruch. Ein- oder zweiwöchiges Wasserfasten wird erfolgreich in der Therapie von Typ-2-Diabetes eingesetzt.

wurden aber in Studien belegt und sind durchaus eindrucksvoll. Die Ergebnisse sind umso besser, je gesünder insgesamt gegessen wird. Eine Low-Carb- oder eine eiweißreiche Ernährung an den Fasten- und an den „normalen“ Tagen ist vorteilhaft, da sie den Insulinspiegel niedrig hält und den Abbau von Körperfett erleichtert.

Die 5:2-Diät

Diese Variante entspricht dem alternierenden Fasten. Doch statt jeden zweiten Tag wird nur an zwei Tagen in der Woche gefastet – ebenfalls mit einer minimalen Nahrungsaufnahme von 500 beziehungsweise 600 Kalorien pro Tag. An den restlichen fünf Tagen wird ganz normal gegessen. Die Fastentage können nacheinander durchgeführt oder über die Woche verteilt werden. Die meisten Menschen fasten lieber an zwei nicht aufeinanderfolgenden Tagen. Sie nehmen dann zum Beispiel am Montag und am Donnerstag jeweils nur 500 bis 600 Kalorien zu sich. Oder am Dienstag und am Freitag. Die 5:2-Diät lässt sich gut in den Alltag integrieren: Nach einem Kaffee am Morgen können Berufstätige mittags eine Kleinigkeit in der Kantine zu sich nehmen. Sie können aber auch durcharbeiten und die erlaubten Kalorien für die Abendmahlzeit reservieren. Wie für alle Arten des Intervallfastens empfiehlt es sich, die erlaubte Kalorienmenge in Form von eiweißreichen Mahlzeiten zu sich nehmen, die den Blutzuckerspiegel stabil halten und besonders gut sättigen.

Die 5:2-Diät wird oft im Anschluss an eine strengere Fastenkur gewählt, um die Erfolge zu halten, ohne sich den Rest der Woche einschränken zu müssen. Sie ist auch gut geeignet für Menschen, die recht gesund sind und nicht allzu viel Fett abbauen müssen. Um schnelle Erfolge bei einem bestehenden Typ-2-Diabetes zu sehen, ist radikaleres Fasten sinnvoll – das allerdings immer nur mit einer erfahrenen Ärztin oder einem Arzt an der Seite.

Das 16:8-Intervallfasten

Das Prinzip des Intervallfastens (auch intermittierendes Fasten genannt) ist denkbar einfach: Die natürliche Esspause über Nacht wird ausgedehnt: auf zwölf, 13 oder 14 Stunden. Am bekanntesten ist die Variante, über Nacht 16 Stunden zu fasten, die wir in diesem Buch überwiegend empfehlen (siehe Seite 12). Ein etwas irreführender Name für diese Methode lautet Acht-Stunden-Diät, weil man nur über einen Zeitraum von acht Stunden Nahrung zu sich nimmt. In welchem Zeitraum das Essen stattfindet, ist egal – Sie können wählen zwischen folgenden Hauptvarianten:

- Eine Art **Breakfast-Cancelling:** Nach einem Abendessen um 19 Uhr folgt ein spätes Frühstück um 11 Uhr. Oder: Das Abendessen endet um 21 Uhr – und man steigt am nächsten Tag erst um 13 Uhr mit dem Mittagessen ein.

- Auch das altbekannte **Dinner-Cancelling** ist möglich: Nach einer Mahlzeit um 16 Uhr geht es am nächsten Morgen um 8 Uhr mit dem Frühstück weiter. Diese Methode birgt auch einen Vorteil in Sachen Chronobiologie: Wir gehen nicht vollgegessen ins Bett – der Körper muss sich daher nachts nicht mit der Verdauung beschäftigen, weshalb sich die Schlafqualität verbessert.

Längere Fastenzeiten sind ebenfalls möglich. Geübte Intervallfaster finden nichts dabei, 20 Stunden lang nichts zu essen. Manche beschränken sich auf eine einzige üppige Mahlzeit am Tag. Das 16:8-Intervallfasten ist eine Methode für fast jeden Tag. Sie lässt sich sehr leicht in den Alltag integrieren, indem man zum Beispiel aufs Frühstück verzichtet. Allerdings sind die verschiedenen Insulin-Typen zu berücksichtigen: Personen, die ein Diabetesrisiko tragen, sollten besser nicht auf das Frühstück verzichten, da der Blutzucker dann nach den anderen Mahlzeiten stärker steigt. Normalgewichtigen hilft die 16:8-Methode dabei, ihr Gewicht zu halten. Übergewichtige nehmen normalerweise ab, der Insulinspiegel wird entlastet, Blutdruck, Blutzucker und Blutfette bessern sich. Bis sich der Erfolg einstellt, kann es aber eine Weile dauern. Bei der 16:8-Methode ist das Ziel auch eine langfristige Gewichtsreduktion!

Sonderformen

Rund um das populäre 16:8-Fasten gibt es noch andere Formen des Intervallverzichts. Wer ans Fasten gewöhnt ist, schafft das meist gut:

- Beim **36-Stunden-Fasten** isst man zu Beginn normal zu Abend. Am folgenden Tag gibt es nichts außer Wasser, Tee, Kaffee und selbst gekochte Brühe. Am übernächsten Tag steigt man wieder mit einem Frühstück ein. Wiederkehrendes 36-stündiges Fasten hat sich bewährt, um einen Typ-2-Diabetes zügig rückgängig zu machen. Diabetiker, die Medikamente einnehmen, sollten jedoch ärztlich begleitet werden. Da das Fasten den Blutzuckerspiegel senkt, muss die Medikamentendosis entsprechend verringert werden.

- Hat man sich bereits daran gewöhnt, das Frühstück auszulassen, kann man es auch leicht auf das **42-Stunden-Fasten** ausweiten: Man hört mit einem Abendessen um 19 Uhr auf zu essen, fastet den darauffolgenden Tag und die Nacht und steigt dann mit dem Mittagessen um 13 Uhr wieder ein.

- Beim **Scheinfasten** handelt es sich um eine kalorienarme Diät, die der amerikanische Fastenforscher Valter Longo entwickelt hat. Eine besondere Nährstoffkombination soll dem Körper eine Art Fasten vorgaukeln und ähnliche Vorteile haben wie das Fasten selbst. Scheinfasten, so die Hoffnung, könnte die Nebenwirkungen einer Chemotherapie minimieren und die Wirkung verbessern.

Fasten ist flexibel

Jeder darf sich die Methoden heraussuchen, die am besten für den persönlichen Alltag und Gesundheitszustand geeignet sind.

- Zum Einstieg empfiehlt sich eine zwölfstündige Esspause über Nacht. Tagsüber ist es bereits herausfordernd, in den Esspausen von vier bis fünf Stunden zwischen den Mahlzeiten nichts zu snacken.

- Wer damit gut zurechtkommt, kann das Frühstück weiter hinausschieben oder früher zu Abend essen.

- Sobald der Körper besser daran angepasst ist, körpereigenes Fett zu verbrennen, sind auch längere Fastenperioden machbar. Eine kohlenhydratarme oder eiweißreiche Ernährung unterstützt die Umstellung auf Fettverbrennung.

Bitte unbedingt beachten: Wann immer Sie sich unwohl fühlen, brechen Sie das Fasten ab. Hunger ist normal, Schwindel und Schwäche sind es nicht! Sie können das Fasten jederzeit zu einem späteren Zeitpunkt wieder starten.

Für echtes Fasten wurde ein solcher Effekt bereits gezeigt. Da Krebspatienten darauf achten müssen, nicht zu stark abzunehmen, kann Scheinfasten eine Alternative sein. Die Diät ist jedoch kompliziert und teuer, wenn man auf die eigens dafür hergestellten Fertigpräparate zurückgreift. Für die meisten Menschen dürften die erwünschten Ziele leichter durch echtes Fasten zu erreichen sein.

Fasten-Mythen auf dem Prüfstand

Noch immer halten viele Menschen Fasten für schwierig oder gar gefährlich. Auch andere Vorurteile und Halbwahrheiten sind verbreitet. Auf den folgenden Seiten stellen wir die wichtigsten Mythen rund ums Fasten richtig.

FASTEN IST UNNATÜRLICH

Keinesfalls. Fasten ist so alt wie die Menschheit. Anders als heute gab es in der Geschichte immer wieder Phasen, in denen Nahrung knapp war. Wäre der Körper nicht darauf eingestellt, tage- oder gar wochenlang ohne Nahrung auszukommen, hätte die Menschheit nicht bis zum heutigen Tag überlebt. Für Hungerzeiten haben wir ausreichend Energie in Form von Fett gebunkert. Mal kein Futter zu finden, ist übrigens auch für Tiere ganz natürlich.

Fasten ist kompliziert

Im Gegenteil. Diäten mögen kompliziert sein, eine Zeit lang nichts zu essen, ist jedoch einfach. Weil man nichts einkaufen und nichts kochen muss, spart man außerdem Zeit. Für längere Fastenkuren gibt es zwar ausgeklügelte Methoden, wie zum Beispiel das Buchinger Heilfasten. Aber der Erfolg stellt sich auch bei der Basisvariante ein: Wasser trinken und eine Zeit lang einfach nichts essen.

Wer fastet, schlägt hinterher doppelt zu

Das stimmt zum Teil. Wer einen Tag lang nichts isst, nimmt am Folgetag tatsächlich mehr Kalorien zu sich – aber insgesamt immer noch deutlich weniger, als wenn er nicht gefastet und zwei Tage lang normal gegessen hätte. Ähnlich sieht es aus, wenn man aufs Frühstück verzichtet: Beim Mittagessen lässt man es sich vielleicht gut schmecken. Aber unterm Strich ist die Kalorienaufnahme trotzdem verringert. Bei längerem Fasten lässt der Appetit oft nach.

Fasten führt zu Nährstoffmangel

Das stimmt zum Teil: Während langer Fastenphasen ist es durchaus sinnvoll, Vitamine und Mineralstoffe in Form von Nahrungsergänzungsmitteln einzunehmen. Bei Fastenzeiten unter 24 Stunden fällt der Mangel an Mikronährstoffen nicht ins Gewicht und wird durch nährstoffreiche Mahlzeiten vor und nach dem Fasten ausgeglichen. Kinder, Schwangere und stillende Mütter sollten wegen des erhöhten Nährstoffbedarfs nicht fasten.

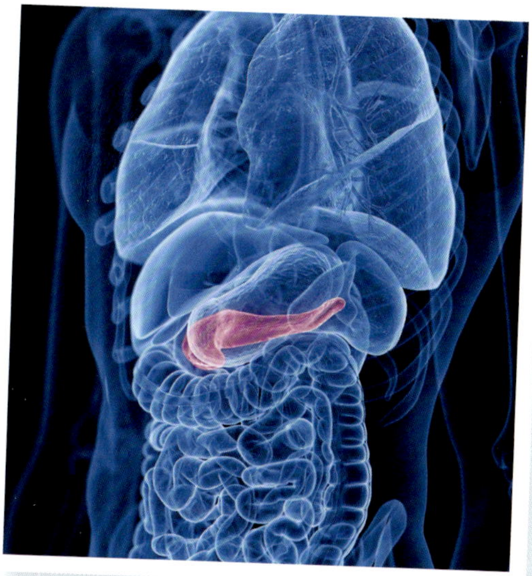

FASTEN IST UNGESUND

Hungern ist ungesund, freiwilliges Fasten nicht. Wir leben in einer Überflussgesellschaft, unser Körper ist jedoch für ständiges Zuviel nicht gemacht. Aktuell ist Fasten Gegenstand vieler Studien, die die gesundheitlichen Nutzen und Risiken erforschen und zum Teil widersprüchliche Ergebnisse zeigen. Wichtig: Fasten ist nicht für jedermann gleichermaßen gesund.

Fasten lässt Muskeln schrumpfen

Eine weitverbreitete Befürchtung: Wenn wir nichts essen, zapft der Körper die Muskeln zur Energieversorgung an. Das passiert aber erst, wenn alle Energievorräte in Form von Fett verbraucht sind. Der Organismus versucht, die Muskeln so lange wie möglich zu erhalten. Außerdem scheint sich die Qualität der Muskeln nicht zu verschlechtern; hierzu bedarf es jedoch noch neuer Studien.

Fasten führt zu Unterzuckerung

Wenn man zu lange nichts isst, bekommt man Kreislaufprobleme – davon sind viele überzeugt. So etwas wie eine Unterzuckerung gibt es tatsächlich. Aber selten beim Fasten, sondern wenn man zuckerreich gegessen hat. Dann schüttet die Bauchspeicheldrüse viel Insulin aus, um den hohen Blutzucker zu senken, was zu Schwindel führen kann. Beim Fasten bleibt der Blutzuckerspiegel normalerweise stabil. Der Körper stellt auf Fettverbrennung um und ist kontinuierlich mit Energie versorgt. Eine Unterzuckerung kann bei Diabetikern auftreten, wenn sie blutzuckersenkende Medikamente nehmen und die Dosis beim Fasten nicht reduzieren.

Einfach weniger zu essen, tut es auch

Eben nicht. Einfach nur die Kalorien zu reduzieren, hat eine ganz andere Wirkung auf den Stoffwechsel. Bei klassischen kalorienreduzierten Diäten schaltet der Körper in den Sparmodus. Man merkt das, weil man wenig Lust hat, sich zu bewegen. Häufig sind auch die Hände und Füße kalt, weil „Brennstoff" gespart wird. Der Grundumsatz sinkt, und zwar dauerhaft. Auch nach Ende der Diät bleibt er niedrig. Das führt zu dem berüchtigten Jo-Jo-Effekt, den viele Abnehmwillige kennen. Fasten setzt hingegen ganz andere hormonelle Kreisläufe in Gang: Weil der Insulinspiegel absinkt, kommt die Fettverbrennung in Gang. Damit ist auch bei normalgewichtigen Menschen mehr als genug Brennstoff vorhanden. Das Körperfett wird in Ketonkörper (siehe Seite 38) umgewandelt – die sind eine Art Supertreibstoff. Der Grundumsatz sinkt also nicht ab. Fastende haben meist sogar besonders viel Energie.

Fasten führt zu gestörtem Essverhalten

Ganz auszuschließen ist das bei gefährdeten Personen nicht. Menschen mit einer Neigung zu Schlankheitswahn und Magersucht sollten nicht fasten, genauso wenig wie Untergewichtige. Bei allen anderen aber ist eher eine Normalisierung des Essverhaltens zu beobachten. Das Bedürfnis, ständig etwas naschen zu wollen, lässt nach. Ein regelmäßiger Essrhythmus mit angemessenen Pausen zwischen den Mahlzeiten pendelt sich ein. Man lernt wieder, zwischen echtem Hunger und anderen Bedürfnissen wie dem Wunsch nach Trost oder Ablenkung zu unterscheiden.

Das Frühstück ist die wichtigste Mahlzeit am Tag

Nur mit einem ordentlichen Frühstück startet man gut in den Tag, so wurde es lange gelehrt. Doch viele Menschen haben morgens wenig Appetit. Sollen die sich etwa zum Essen zwingen? Bei manchen ist es sogar so, dass sie kurze Zeit nach dem Frühstück erst recht Hunger bekommen. Das hängt vermutlich mit dem Zusammenspiel der Hormone Insulin und Cortisol zusammen. Es spricht viel dafür, das Frühstück aufzuschieben, sofern man sich wohl damit fühlt (und nicht Diabetes-Patient ist). Denn nach zwölf bis 14 Stunden kommen die Fettverbrennung und die Bildung der gesundheitsfördernden Ketonkörper (siehe Seite 38) erst richtig in Gang.

Fasten verlangsamt den Stoffwechsel

Für kalorienreduzierte Diäten gilt das tatsächlich. Senkt man die Kalorienzufuhr von 2500 auf 1500 Kalorien am Tag, sinkt der Grundumsatz um 25 bis 30 Prozent ab. Mit einem derart verlangsamten Stoffwechsel friert man leicht, ist ständig hungrig, hat keine Energie, kann sich schlecht konzentrieren und die Stimmung wird schlecht. Beim Fasten aber stellt sich der Stoffwechsel um. Der Körper beginnt, die körpereigenen Fettvorräte zu verbrennen. Damit steht ihm reichlich Energie zur Verfügung. Der Grundumsatz steigt sogar an.

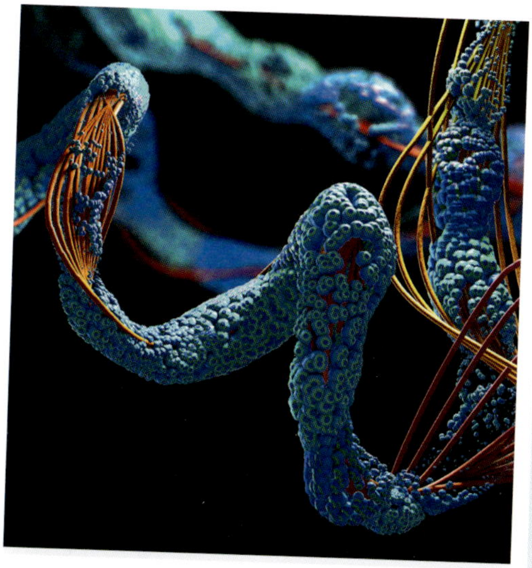

Fasten verursacht Körpergeruch

Das stimmt! Der Körpergeruch kann sich bei längerem Fasten durch den Abbau von Stoffwechselprodukten verändern, die über die Haut ausgeschieden werden. Auch der Atemgeruch kann anders werden, wenn man in die Ketose kommt. Verantwortlich dafür ist Aceton, das freigesetzt wird, wenn aus Fettsäuren in Leber und Nieren Ketonkörper entstehen. Der Mundgeruch beim Einstieg in die Ketose wird als fruchtig oder metallisch empfunden.

FASTEN FÜHRT ZU EIWEISSMANGEL

Richtig ist: Eiweiß gehört zu den Makronährstoffen, die wir zum Überleben brauchen. Deshalb hat der Körper effiziente Methoden entwickelt, Eiweiß wiederzuverwerten, wenn es in der Nahrung knapp wird. Im Stoffwechsel fällt ständig „Zellschrott" an, darunter unbrauchbare, falsch gefaltete Proteine. Beim Fasten wird dieser Zellmüll verstärkt abgebaut und wiederverwendet.

Fasten macht schlechte Laune

Das ist wohl wahr – zumindest am Anfang. Fasten kann Müdigkeit, Gereiztheit und auch Kopfschmerzen verursachen. Die ersten Tage einer längeren Fastenkur sind deshalb nicht einfach zu überstehen. Ab dem dritten Tag aber ist mit dem „Fasten-Hoch" zu rechnen. Wenn die Produktion von Ketonkörpern aus Körperfett auf vollen Touren läuft, kommt auch die gute Laune zurück.

Fasten gegen Krankheiten

Ob es um Bluthochdruck, Herz-Kreislauf-Erkrankungen, Diabetes Typ 2, Rheuma, Demenz oder Depressionen geht – bei vielen Erkrankungen zeigen Heilfasten und Intervallfasten verblüffende Erfolge. Nahrungsverzicht auf Zeit ist demnach Therapie und Prävention zugleich.

Weniger ist manchmal mehr. Intervallfasten macht nicht nur auf unkomplizierte Weise schlank, es ist auch die perfekte Methode für alle, die etwas für ihre Gesundheit tun wollen. Nahrungsverzicht auf Zeit pflegt die Gefäße, erlaubt der Leber Erholung, greift das Bauchfett an, kann bereits im Vorfeld gegen Diabetes Typ 2 wirken und das metabolische Syndrom bekämpfen. Intermittierendes Fasten verändert den Stoffwechsel und senkt das Risiko für Zivilisationskrankheiten. Manche können damit sogar (fast) geheilt werden. Wir beschreiben hier, wie Kurzzeitfasten auf welche Beschwerden wirkt.

Bluthochdruck

Bluthochdruck oder hohe Blutfettwerte sind häufig Vorboten von schwerwiegenden Herz-Kreislauf-Erkrankungen – das reicht bis zum Schlaganfall oder Herzinfarkt. Fasten (als Kur und in Form von Intervallfasten) kann erhöhte Blutdruckwerte enorm senken, oftmals sogar besser als Medikamente.
So zeigten Untersuchungen, dass der systolische (der obere) Wert um bis zu 30 mmHg abfällt, wenn die Patienten seltener und zeitweise gar nicht essen. Ob Fastenkuren, Intervallfasten oder einfach eine kalorienreduzierte Kost: Verschiedene Modelle bewiesen im Rahmen von Studien große Wirkung. Dabei spielt nicht nur ein möglicher Gewichtsverlust, der das Herz entlastet, eine Rolle, sondern auch die entzündungshemmenden Prozesse, die mit verschiedenen Fastenformen einhergehen. Allerdings sollte man beachten: Für Herzkranke ist Fasten nicht geeignet. Patienten sollten ihre Fastenprogramme genau mit dem Arzt abstimmen. Eventuell müssen blutdrucksenkende Medikamente anders dosiert oder ganz abgesetzt werden.

Entzündliche Darmerkrankungen

Der Darm hat viele Funktionen für unsere Gesundheit. Er ist nicht nur für die Verdauung zuständig, sondern unter anderem auch das Zentrum des Immunsystems und eine Produktionsstätte für das Hormon Serotonin, das im Magen-Darm-Trakt vor Bakterien schützen kann, die zum Beispiel Durchfall, Bauchschmerzen oder Blasenentzündungen verursachen. Fasten unterstützt den Darmtrakt bei seinen vielfältigen Aufgaben und wirkt damit umfassend auf den ganzen Körper.
Gerät zum Beispiel die Darmflora (das Mikrobiom) aus dem Gleichgewicht, kann das die Ursache für entzündliche Darmerkrankungen wie Morbus Crohn, Colitis ulcerosa oder das Reizdarmsyndrom sein. Wird der Darm beim Intervallfasten mit gesunder Ernährung und ausreichend Ruhephasen ohne Nahrungszufuhr in der Balance gehalten, wächst die Zahl der guten Bakterienarten. Das kann Krankheitssymptome lindern, das Immunsystem stärken und vorbeugend gegen Beschwerden und Entzündungen im Darm wirken. Die heilsamen Effekte des Fastens haben verschiedene Gründe: Zum einen baut sich die Darmschleimhaut beim Fasten ab und neu wieder auf; die Darmdurchlässigkeit nimmt ab – sie kann bei einigen Krankheiten erhöht sein. Es kommt

Spermidin

Der Stoff ist eine natürliche Verbindung, die sich in der Samenflüssigkeit des Menschen sowie in verschiedenen Lebensmitteln findet. Spermidin steckt in Weizenkeimen, gereiftem Käse, Pilzen, Brokkoli, Mango, Sojaprodukten und Hülsenfrüchten, wird aber auch vom Körper selbst gebildet. Es unterstützt die sogenannte Autophagie (siehe Seite 11), die Fähigkeit der Zellen, alte oder kaputte Zellteile abzubauen, damit der Organismus gesund und jung bleibt. Über die Nahrung können wir allerdings kaum nennenswerte Mengen an Spermidin aufnehmen. Als Nahrungsergänzungsmittel regelmäßig zugeführt, konnte es den Alterungsprozess verlangsamen, das Energielevel und das Immunsystem stärken.

also zu selbstreinigenden Prozessen. Zum anderen fördern Zeiten ohne Nahrungsaufnahme die Vielfalt der Bakterienarten im Mikrobiom, was zahlreiche gesundheitliche Vorteile hat.

Demenz

Fasten kann möglicherweise vorbeugen gegen das große Vergessen beziehungsweise den Beginn der Krankheit Demenz hinauszögern. Diese Vermutung legt ein Experiment mit Mäusen nahe. Eine Gruppe von Versuchstieren bekam eine ketonreiche Diät, die ähnlich aufs Gehirn wirkt wie Fasten. Daraufhin reduzierten sich Eiweißablagerungen im Gehirn der Mäuse, die sonst die Entstehung von Alzheimer fördern. Die Folgerung gilt auch für Menschen: Ketonkörper, die beim Fasten gebildet werden (siehe Seite 38), kurbeln Recyclingprozesse im Gehirn an, fördern das Erinnern, Lernprozesse und allgemein die Gesundheit im Kopf. Wer mit verschiedenen Formen des Fastens nicht zurechtkommt, kann diesen Effekt auch mit Spermidin (siehe Kasten links) erreichen. Dieser Stoff simuliert im Körper eine Art Hungermodus, sodass der Organismus abgelagerte Proteine wie beim Fasten verdaut und als Nährstoffe nutzt. Endgültige Klarheit über die Wirkung des bewussten Nahrungsverzichts auf neurologische Erkrankungen werden jedoch erst Studien mit Menschen bringen.

Depressionen

Kann Nahrungsverzicht auch die Stimmung aufhellen? Nach dem aktuellen Stand der Forschung dürfte das möglich sein. Wer über einen längeren Zeitraum fastet, kennt vielleicht die Hochgefühle, die sich meist am vierten Tag einstellen. Im „Fasten-High“ fühlen sich viele Fastende besonders glücklich. Die Bildung von Ketonkörpern fördert das Wachstum der Nervenzellen im Gehirn und hat einen positiven Einfluss auf die Struktur der Nervenverbindungen – mit antidepressivem Effekt. Der Körper schüttet vermehrt Opiate aus, die euphorisierend wirken. Der Serotoninspiegel steigt und aktiviert bestimmte Gehirnareale, die das wohltuende Gefühl auslösen, dass man trotz des Verzichts enorm leistungsfähig ist. Ein cleverer Schachzug der Natur, denn nach drei Tagen ohne Jagd- oder Sammelerfolg wurde es für unsere Vorfahren ernst. Der Steinzeitmensch durfte dann nicht schlappmachen, sondern brauchte erst recht Energie. Bei leichten Depressionen und Stimmungstiefs kommt noch ein weiterer Faktor hinzu: Die Tatsache, erfolgreich gefastet zu haben, stärkt das Selbstbewusstsein. Allerdings ist Fasten nicht für Menschen mit schweren Depressionen geeignet, die mit Medikamenten behandelt werden.

Diabetes Typ 2

Mehr als sechs Millionen Deutsche leiden unter Diabetes Typ 2. Wer seine Ernährung umstellt, kann bei der gefährlichen Zivilisationskrankheit viel erreichen.

Wir wissen mittlerweile, dass die Heilungschancen bei fast 90 Prozent liegen, wenn es den Patienten gelingt, überwiegend gesund zu essen. Unsere Nahrung hat einen großen Einfluss auf die Zuckerkrankheit. Ausgewogenes Essen kann Menschen nicht nur vor ihr bewahren, sondern den bereits Betroffenen auch dabei helfen, Medikamente zu reduzieren oder ganz darauf zu verzichten und wieder gesund zu werden. Das intermittierende Fasten unterstützt dies zusätzlich. Studien konnten belegen, dass längeres Fasten die Beschwerden verbessert und den Zuckerstoffwechsel normalisiert. Die Effekte zeigen sich auch beim Intervallfasten, wie neuere Forschungen ergaben. Der Hintergrund: Das Hormon Insulin arbeitet wie ein Schlüssel, der Zellen aufschließt, um Traubenzucker (Glukose) aus dem Blut hineinzulassen, damit er dort in Energie verwandelt werden kann. Ist das Zuckerangebot ständig zu hoch, benötigt der Körper mehr Insulin. Die Bauchspeicheldrüse, in der das Hormon entsteht, arbeitet auf Hochtouren, um mit der Produktion nachzukommen. Hält die Zuckerflut an, schafft das Insulin seinen Job nicht mehr. Die Schlösser lassen sich nicht mehr aufschließen. Der Mechanismus ist zerstört, der überschüssige Zucker staut sich im Blut. Die Körperzellen sind insulinresistent geworden und Typ-2-Diabetes entsteht. Längere Esspausen führen aus der Insulinfalle und bremsen diesen Prozess, denn wenn kein Zucker vor allem aus kohlenhydratreicher Nahrung mehr nachkommt, kann der Körper wohltuende Pausen einlegen. Natürlich muss in den Essphasen das Richtige auf den Tisch: viel Eiweiß, Gemüse, komplexe Kohlenhydrate, wenig Fleisch und möglichst kein Zucker. Dass es beim Intervallfasten grundsätzlich keine Snacks geben sollte, wirkt sich ebenfalls positiv auf den Insulinspiegel aus.

PATIENTENGESCHICHTE

Mit Esspausen die Fettleber wegfasten

Eine Fettleber ist keine Alterserscheinung und auch nicht immer die Folge von zu hohem Alkoholkonsum. Steffen M. war erst 31 Jahre alt, als er mit einer Fettleber zu den Ernährungs-Docs kam. Schnell zeigte sich die große Gefahr, der er ausgesetzt war.

Bereits 60 Prozent seiner Leber waren verfettet. Eine Leberentzündung drohte. Im Ernährungsprotokoll von Steffen M. konnte Ernährungs-Doc Jörn Klasen die Ursache dafür schnell erkennen: Steffen M. aß nicht besonders viel, aber dafür häufig und denkbar schlecht. Zum Frühstück kamen bei ihm Brötchen mit Honig und Schokocreme auf den Tisch, dazu Cappuccino aus Fertigpulver mit Vanillearoma; zwischendurch und zu den anderen Mahlzeiten aß er reichlich Zuckerhaltiges und viele ungesunde Kohlenhydrate. Diese Kost und die vielen Snacks hatten seine Leber krank gemacht. Jörn Klasen riet zum Intervallfasten mit nur noch zwei Mahlzeiten innerhalb von acht Stunden pro Tag. Steffen M. musste sich an einen festen Essrhythmus gewöhnen. Wenn es in seinem Alltag stressig wurde, fiel ihm das schwer. Dann griff er immer wieder zu Butterbroten, die schnell geschmiert sind. Schließlich lernte er, sein Brot ohne Getreide selbst zu backen, sodass er nicht darauf verzichten musste. Das brachte die ersehnte Wende. Intervallfasten und eine Ernährungsumstellung führten dazu, dass er die Hälfte des Leberfetts verlor, 18 Kilo abnahm und inzwischen völlig normale Entzündungswerte hat. Und Steffen M. ist glücklich: „Das ist ein total geniales Lebensgefühl."

DIE ERNÄHRUNGS-DOCS

Gleichgültig, welche Medikamente Sie nehmen und ob Sie planen, Intervallfasten oder Heilfasten zu probieren, es gilt immer: Wenn Sie deshalb Ihre Medizin absetzen oder die Dosis verändern möchten, sollten Sie dies unbedingt vorab mit Ihrem behandelnden Arzt absprechen.

Wichtig zu wissen: Diabetes-Typ-2-Patienten sollten nicht auf eigene Faust fasten, sondern dies mit ihrem Arzt abstimmen, denn Medikamente und Insulin müssen genau angepasst werden. Wichtig: Patienten mit Diabetes Typ 1 dürfen gar nicht fasten.

Fettleber

Die Leber sorgt für einen konstanten Blutzuckerspiegel, indem ein erhöhtes Zuckerangebot in Glykogen umgewandelt und gespeichert wird. Sind die Speicher gefüllt und steigt die Zuckerzufuhr weiter, wird der Zucker in Fett umgewandelt. Die Leber verfettet. Bei hoher Fett- oder Kohlenhydratzufuhr oder hohem Alkoholkonsum lagert sich übermäßig viel Fett in dem Organ ein; etwa jeder dritte Erwachsene ist in Deutschland davon betroffen, vor allem übergewichtige Typ-2-Diabetiker. Aber auch Normalgewichtige können sich eine Fettleber anfuttern, oft ohne es zu merken. Leberfett bildet Botenstoffe, welche die Körperzellen unempfindlicher für Insulin machen. Durch die Fetteinlagerungen steigt das Entzündungsrisiko. Es kann zu einer gefährlichen Leberzirrhose oder sogar zu Leberkrebs kommen. Fasten und längere Esspausen im Alltag unterstützen den Abbau des überschüssigen Leberfetts, sodass die Zellen wieder besser auf Insulin ansprechen. Der Effekt hält nach einer langen Fastenphase noch bis zu einem Jahr an.

Kopfschmerzen und Migräne

Kopfschmerzen kennt fast jeder. Meist werden sie mit Schmerzmitteln behandelt, was die Ursache aber nicht behebt. Wer häufig unter Kopfschmerzen oder Migräne leidet, sollte ruhig ausprobieren, ob Fasten lindernd wirkt. Viele Betroffene berichten, dass die Schmerzen beim Fasten und danach seltener auftreten beziehungsweise weniger ausgeprägt sind. Das beruht wahrscheinlich darauf, dass dem Gehirn beim Fasten mehr Serotonin zur Verfügung steht. Allerdings darf man nicht zu früh Erfolge erwarten. Denn Kopfschmerzen sind auch typische Nebenwirkungen, vor allem in der Anfangsphase des Fastens. Nicht jeder Mensch mit Migräneneigung verträgt Fasten. Wer auch sonst zu Kopfschmerzen neigt, ist besonders anfällig dafür. Hat der Körper sich erst einmal ans Fasten gewöhnt, können wiederholte Fastenphasen durchaus möglich sein.

Krebs

Den Krebs einfach aushungern? Diese häufig verbreitete Idee funktioniert leider nicht. Obwohl eine ausgewogene pflanzenreiche und zuckerarme Kost Krebspatienten guttut, existiert keine Anti-Krebs-Ernährung, mit der die Krankheit geheilt werden könnte. Krebserkrankungen sind zwar statistisch gesehen häufig die Folge eines ungesunden Lebensstils (zum Beispiel treten Brust- und Darmkrebs bei Menschen, die sich gesund ernähren, seltener auf), können oft aber auch einfach nur Schicksal sein. Bisher wurden präventive und therapeutische Wirkungen des Intervallfastens nur in Studien mit Tieren belegt. So zeigte sich beispielsweise bei Mäusen, dass kurzzeitiges Fasten das Krebswachstum stoppen kann. Inwieweit sich das auf Menschen übertragen lässt, ist noch nicht ausreichend erforscht. In Patientenstudien fiel auf, dass Fasten eine Chemotherapie verträglicher machen kann. Probanden, die während der Chemotherapie mehrere Tage fasteten, berichten, dass sie weniger müde waren, seltener unter anderen Nebenwirkungen litten und ihre Lebensqualität als besser einschätzten. Dennoch ist Vorsicht geboten: Wer während der Chemotherapie fasten möchte, muss engmaschig vom Arzt überwacht werden. Dass Intervallfasten eventuell das Krebsrisiko mindert, zeigte die britische Ernährungswissenschaftlerin Dr. Michelle Harvie. Sie entwickelte auf Basis der Erkenntnisse aus Tierstudien eine Diät zur Senkung des Brustkrebsrisikos mit zwei Fastentagen pro Woche (jeweils 650 Kalorien) und ansonsten mediterraner Kost. Probanden, die das durchhielten, verloren im Vergleich zu anderen, die genauso viel aßen, aber nicht fasteten, mehr Gewicht und verbesserten ihre Tumormarker deutlich.

Der Wachstumsfaktor IGF-1

Beim Fasten spielt der sogenannte Wachstumsfaktor IGF-1 eine wichtige Rolle. Die Abkürzung steht für „Insulin like growth factor", heißt also insulinähnlicher Wachstumsfaktor. Dieser Faktor wird vor allem in der Leber gebildet und gelangt darüber ins Blut. Er regt die Zellen im Körper zum Wachstum und zur Teilung an. Leider gilt das auch für Krebszellen. Durch Fasten kann der Wachstumsimpuls abgeschwächt werden, denn Nahrungsverzicht aktiviert spezielle Gene, die den Wachstumsfaktor IGF-1 im Blut absenken. An Mäusen konnten Forscher beobachten, dass sich die Lebenszeit verlängerte, wenn die Andockstellen für IGF-1 in der Leber ausgeschaltet werden. Kleinwüchsige Menschen mit einem Gendefekt an den Andockstellen erwiesen sich im Rahmen einer Studie als besonders widerstandsfähig gegen Krankheiten wie Diabetes oder Krebs.

Rheuma und Arthrose

Der Heilfastenarzt und Naturheilkundler Otto Buchinger (1878–1966) litt selbst unter schwerem Rheuma und machte seine eigene Therapie zum Programm: Fasten gegen den Schmerz. Heute ist das Fasten nach Buchinger die wohl bekannteste klassische Heilfastenmethode, die auch Rheuma-Patienten hilft. Sie empfinden weniger Schmerzen, werden beweglicher und die Gelenke schwellen ab, wenn der Körper auch mal Esspausen machen darf. Im Labor lassen sich ebenfalls positive Ergebnisse erkennen. Eine Abnahme der BSG (Blutsenkungsgeschwindigkeit der Blutkörperchen), des C-reaktiven Proteins und der Anzahl der weißen Blutkörperchen zeigt, dass es zu weniger entzündlichen Aktivitäten im Körper kommt. Eine große Studie konnte belegen, dass Rheumasymptome nicht nur während einer Heilfastenkur, sondern auch noch drei Monate danach seltener auftraten. Besonders gut wirkt das Fasten demzufolge, wenn die Patienten sich nach der Kur vegan oder vegetarisch ernähren. Das gilt übrigens auch für Gelenkarthrosen, die mittlerweile zur Volkskrankheit geworden sind. Im Rahmen einer umfassend angelegten Therapie sollten die richtige Ernährung und das Fasten deshalb auch bei Arthrose eine große Rolle spielen. Da Fasten in der Regel zu Gewichtsverlust führt, werden die Gelenke entlastet. Was für alle Menschen mit chronischen Erkrankungen gilt, sollten auch Rheuma- und Arthrose-Patienten beachten: Fasten Sie länger nur unter ärztlicher Aufsicht, am besten in einer geeigneten Klinik.

Unverträglichkeiten und Allergien

Wer unter Allergien wie allergischem Asthma und Heuschnupfen oder unter Hautproblemen (Akne, Schuppenflechte) leidet, kann mit Kurzzeitfasten die Symptome lindern oder ganz zum Verschwinden bringen. Studien zeigen, dass Intervallfasten asthmatische Beschwerden so reduzieren kann, dass die Betroffenen mit weniger Medikamenten auskommen. Viele Patienten machen die Erfahrung, dass sich ihre Schuppenflechte bessert, wenn sie ihre Ernährung umstellen und Gewicht verlieren. Mit seiner antientzündlichen Wirkung hat Fasten an dieser Stelle noch einen zusätzlichen heilenden Effekt. Auch bei Neurodermitis oder Rosazea können Patienten einfach ausprobieren, ob ein vorübergehender oder dauerhafter Verzicht auf bestimmte Nahrungsmittel die Symptome reduziert.

Übergewicht

Übergewicht ist zwar keine Krankheit, es kann aber die Entwicklung von gefährlichen Erkrankungen wie Diabetes Typ 2, Bluthochdruck, Stoffwechselstörungen und Herz-Kreislauf-Erkrankungen fördern. Bei Menschen, die bereits krank sind, verschlechtert sich der Gesundheitszustand schneller. Organe und Gelenke werden bei Übergewicht schlicht überlastet und die Liste der Folgeerkrankungen ist lang. Wie Übergewicht heute genau definiert wird, erfahren Sie auf Seite 33. Zu viel Fett im Körper führt neben den bereits genannten auch zu hormonellen Veränderungen, vermindert die Fruchtbarkeit, stört den Schlaf mit lebensgefährlichen Atemaussetzern (Schlafapnoe), fördert Leber- und Gallenerkrankungen und erhöht das Risiko für verschiedene Krebsarten. Auch die Seele leidet darunter. Stark Übergewichtige haben häufiger Depressionen als Menschen mit Normalgewicht. Denn ein hohes Gewicht schadet nicht nur der Gesundheit, es verkürzt auch das Leben und führt zu großen Einschränkungen im Alltag. Fasten allein zur Gewichtsabnahme ist allerdings nicht empfehlenswert. Intervall- und Heilfasten eignet sich aber gut als Anstoß für eine dauerhafte Ernährungs- und Lebensstilumstellung.

PATIENTENGESCHICHTE

Intervallfasten gegen Hüftarthrose

Jörn R. konnte sich nicht mehr allein die Socken anziehen, als er zur Behandlung zu den Ernährungs-Docs kam. Seine Hüftarthrose war so schlimm, dass er im Alltag auf Hilfe angewiesen war.

Für den 52-Jährigen stand fest, dass er auf Dauer wohl nicht um eine Operation herumkommen würde. Doch noch war er zu jung für ein Kunstgelenk. Es ging darum, den Schritt zur Prothese so lange wie möglich hinauszuzögern. Dafür musste Jörn R. Gewicht verlieren (er brachte 110 Kilo auf die Waage) und über die Ernährung Entzündungen in seinem Körper eindämmen. Ernährungs-Doc Anne Fleck entwickelte ein entsprechendes Programm. Der ehemalige Leistungssportler war bereit, seinen Lebensstil erheblich zu verändern: mehr Bewegung im Alltag (Radfahren) und Kraftsport (zweimal pro Woche ins Fitnessstudio), in Kombination mit Intervallfasten und einer Ernährungsumstellung, denn Jörn R. aß nicht nur zu viel, sondern auch das Falsche. Ab jetzt gab es für ihn nur noch zwei Mahlzeiten täglich mit wenig Kohlenhydraten, Fleisch und Fertigprodukten, dafür mit viel Gemüse, Eiweiß und guten Ölen. Zusätzlich empfahl Anne Fleck einen Gewürz-Mix aus Kreuzkümmel, Koriander und Muskatnuss sowie Kieselsäure. Außerdem lernte Jörn R., mit kleinen Tricks (wie mit allen Sinnen eine Rosine erkunden, siehe Seite 44) bewusster zu essen und weniger zu schlingen. So konnte er seine Situation in kurzer Zeit enorm verbessern. Er nahm in zwei Monaten zehn Kilo ab und hatte deutlich weniger Schmerzen. Das Sockenanziehen war kein Problem mehr für ihn.

Ein Überblick: Was Fasten im Körper bewirkt

Kurzzeitfasten hat viele gesundheitliche Vorteile. Manche wirken direkt, andere verbessern die Fähigkeiten des Körpers, Entzündungen zu bekämpfen und sich selbst zu heilen. Hier die wichtigsten Wirkungen auf einen Blick.

Weniger Entzündungen

Nahrungsverzicht auf Zeit verändert den Stoffwechsel. Wer Esspausen macht, aktiviert einen Fastenstoffwechsel, der generell Entzündungsprozesse eindämmt. Verzichtet man zusätzlich auf tierische Nahrung, nimmt man auch keine Arachidonsäure auf. Das ist eine ungesunde ungesättigte Fettsäure, die besonders hoch konzentriert in Schweinefleisch steckt und Entzündungen fördert.

Bauchfett reduzieren

Mit Intervallfasten lässt sich das gefährliche Bauchfett reduzieren. Das ist nicht nur im Kampf gegen Übergewicht (siehe Seite 29) von Bedeutung, sondern dadurch wird auch eine Brutstätte für schädliche Botenstoffe zerstört.

Weniger Leberfett

Beim Abbau von Leberfett verbessert sich die Insulinempfindlichkeit der Zellen, was wiederum das Diabetes- und Herzinfarktrisiko reduziert.

Geringeres Krebsrisiko

Intervallfasten steigert den Gehalt an Ketonkörpern, was in unserem Körper gleich auf verschiedenen Ebenen wirkt: Die Blutzuckerregulierung verbessert sich und aggressive freie Radikale, die Krebserkrankungen auslösen können, werden reduziert. Fasten stoppt die Überproduktion des Wachstumsfaktors IGF-1 (siehe Seite 28).

Für besseren Schlaf

Fasten fördert die Schlafqualität. Viele Menschen berichten, dass sie besser schlafen, wenn sie früher mit dem Essen aufhören. Kein Wunder, schließlich muss zu später Stunde nichts mehr verdaut werden, was den Schlaf stören könnte. Der Magen hat Ruhe. Der natürliche Biorhythmus wird wiederhergestellt.

Gute-Laune-Macher

Nach anfänglicher Zunahme der Stresshormone wirkt Fasten entspannend und stimmungsaufhellend aufs Nervensystem und steigert die Leistungsfähigkeit des Gehirns.

Jungbrunnen

Nahrungsverzicht auf Zeit hält jung: Die sogenannte Autophagie, das zellreinigende Recyclingprogramm, das sich durch Fasten in Gang setzt, hat einen verjüngenden Effekt auf den Körper. Der Stoff Spermidin unterstützt dies (siehe Seite 25).

Starker Darm

Der Darm wird gestärkt, weil Nahrungsverzicht die Bakterienvielfalt fördert und dazu führt, dass sich die Darmschleimhaut erneuert und nicht mehr so durchlässig ist. Über die Vielfalt an gesunden Darmbakterien wird auch das Immunsystem indirekt gestärkt. Wer regelmäßig fastet, ist daher weniger anfällig für Krankheiten.

Weniger Symptome bei MS

Neurowissenschaftler fanden im Rahmen von Studien heraus, dass Intervallfasten bei Multipler Sklerose die Symptome lindert.

Schlank und fit

Intervallfasten ist ein effektiver und gesunder Weg, um Übergewicht und vor allem das gefährliche Bauchfett abzubauen. Weil die Ernährungsumstellung nicht so streng ist, bleibt der Jo-Jo-Effekt meist aus. Da die Esspausen zeitlich begrenzt sind, sinkt der Grundumsatz nicht.

Gene aktivieren

Intervallfasten kann möglicherweise degenerative Erkrankungen hinauszögern, da es sogenannte Sirtuine aktiviert. Das sind Enzyme, die den Stoffwechsel ankurbeln. Zusätzlich werden CLOCK-Gene (clock controlled genes) reguliert, die unseren Biorhythmus steuern und darüber hinaus die Herz- und Nierenfunktion positiv beeinflussen. Alters- und Krebsgene in der Erbsubstanz können beim Fasten ruhiggestellt werden.

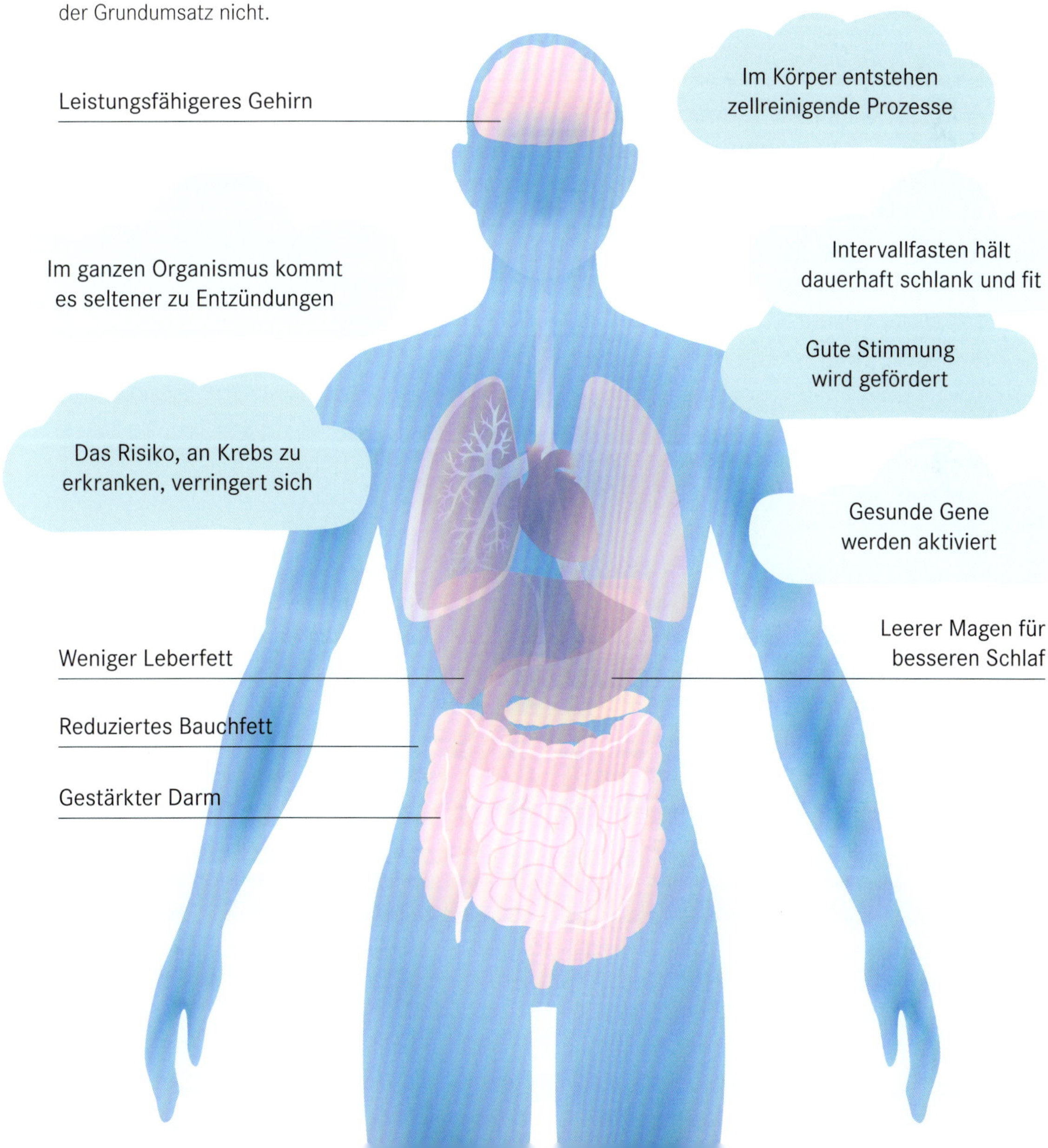

Schlank werden mit Esspausen

Überschüssige Pfunde zu verlieren, ist für die meisten Menschen ein angenehmer Nebeneffekt des Heil- und Intervallfastens. Langfristig gelingt das Abnehmen aber nur mit einer zusätzlich dauerhaften Ernährungsumstellung - zu Beginn kann eine Kalorienreduktion hilfreich sein.

„Mit Fasten zum Traumgewicht", „Schlank dank Intervallverzicht", „Abnehmen über Nacht", „Durch Esspausen nie wieder dick": Solche Slogans wecken bei Menschen mit Übergewicht ebenso große Hoffnungen wie bei denen, die nur einige Lifestyle-Kilos loswerden wollen. Wird die Kalorienzufuhr ein paar Tage oder Wochen mit eiserner Disziplin drastisch reduziert, funktioniert das zuverlässig, allerdings immer nur kurz. Denn sobald Fasten als Crash-Diät fehlinterpretiert wird und die Fastenphase vorbei ist, fallen die meisten wieder in ihr altes Essverhalten zurück. Das mühsam abgebaute Gewicht ist schnell wieder da. Häufig bringt es wegen des Jo-Jo-Effekts noch zusätzliche Pfunde mit. Denn der Körper ist darauf ausgelegt, sich schnell zurückzuholen, was er entbehrt hat. Wir essen dann mehr als vorher. Das ist frustrierend und führt auf Dauer dazu, dass man ganz aufgibt.

DIE ERNÄHRUNGS-DOCS

Natürlich interessiert unsere Patienten die Frage immer wieder: Wie viel Gewicht kann ich mit Intervall- oder Heilfasten abnehmen? Das lässt sich nicht pauschal beantworten. Die Erfahrung zeigt, dass es höchst unterschiedlich ausfällt. Manche (vor allem Patienten mit Wassereinlagerungen) verlieren beim Heilfasten gleich in der ersten Woche acht Kilo, während andere nur zwei loswerden. Wer starkes Übergewicht hat, baut schneller Pfunde ab als ein Normalgewichtiger. Beim Intervallfasten liegen die Durchschnittswerte zwischen drei und zehn Kilo im Monat – abhängig davon, wie kalorienhaltig und wie gesund die beiden Hauptmahlzeiten sind. Ob der Effekt länger anhält, hängt vom Lebensstil danach ab.

Fasten als Initialzündung

Beim dauerhaften Intervallfasten ist das nicht der Fall, denn im Vergleich zu Diäten, die auf Zeit angelegt sind, gibt es keinen Jo-Jo-Effekt. Der Körper schaltet nicht in den Hungermodus um und der Grundumsatz sinkt nicht ab, wenn er merkt, dass er zwar seltener, aber dafür regelmäßig und ausreichend Nahrung bekommt. Ansonsten funktioniert Abnehmen in den meisten Fällen nach wie vor nach der einfachen Formel: Essen Sie weniger, als Sie verbrauchen. Das hört sich simpel an, schafft aber ein entscheidendes Problem: Wie mache ich das? An diesem Punkt setzen Intervall- und Heilfasten an. Gewichtsabnahme allein sollte nicht die Motivation sein. Bestenfalls ist es eine Initialzündung für dauerhafte Veränderungen im Essverhalten und einen gesünderes Lebensstil. Sie können damit nicht nur besser essen und Gewicht verlieren, sondern auch ein neues Hungergefühl entwickeln und Ihrer Nahrung mehr wertschätzende Achtsamkeit schenken.

Wie gesund ist Ihr Gewicht?

Um den eigenen Status quo in Sachen Gewicht und Körperumfang richtig einschätzen zu können, gibt es verschiedene Methoden. Hier stellen wir Ihnen die wichtigsten vor.

1
Der Body-Mass-Index (BMI)

Diese Zahl ermittelt das Körpergewicht in Relation zur Größe. Dafür nehmen Sie Ihr Gewicht in Kilo (zum Beispiel 90) und teilen es durch Ihre Größe (zum Beispiel 1,80 Meter) zum Quadrat. Die Formel dafür lautet also:

BMI = 90/(1,80 x 1,80) = 27,8

Wenn dabei eine Zahl zwischen 18,5 und 24,9 herauskommt, liegt Ihr Gewicht im grünen Bereich. Bei Menschen über 60 gilt auch ein höherer BMI bis 27 noch als gesund. Weniger als 18,5 heißt, dass Sie untergewichtig sind, bei 25 oder mehr beginnt Übergewicht, ab 30 spricht man von Adipositas Grad I, ab 35 von Grad II, ab 40 von Adipositas Grad III. Allerdings berücksichtigt das System nicht, ob jemand muskulös und deshalb schwerer ist. Sportliche Menschen rutschen dann leicht ins Übergewicht, obwohl sie in Topform sind.

2
Relation von Bauch zu Hüfte

Im Gegensatz zum BMI berücksichtigt die Waist-to-Hip-Ratio (das Verhältnis von Taille zu Hüfte) die Fettverteilung im Körper. Dafür messen Sie Ihren Hüft- und Taillenumfang mit einem Zentimetermaß und teilen Taille durch Hüfte. Das Ergebnis sollte bei Frauen unter 0,85 und bei Männern unter 1 liegen.

3
Verhältnis von Taille zur Größe

Für diese Methode teilen Sie Ihren Bauchumfang durch Ihre Körpergröße in Zentimetern. Idealerweise kommt dabei ein Wert unter 0,5 heraus. Das Messsystem ist hilfreich, um die Fettverteilung zu beurteilen. Der Bauchumfang bezeichnet den in der Mitte zwischen dem unteren Rippenbogen und dem Beckenkamm gemessenen Körperumfang – legen Sie hier das Maßband an, atmen einmal tief ein und aus und lesen den Wert ab.

4
Der Taillenumfang allein

Geht es um das gefährliche Bauchfett, sagt bereits der Taillen- beziehungsweise Bauchumfang allein viel aus. Liegt der Wert bei Frauen unter 80 und bei Männern unter 94 Zentimetern, ist alles in Ordnung. Im Vergleich zum BMI berücksichtigt die Messung auch die Fitness. Ein gut trainierter Mensch hat selbst bei gleichem Body-Mass-Index einen geringeren Bauchumfang als jemand, der sich kaum bewegt.

Slow-Carb-Lieferanten: die Super-Sattmacher

Wer beim Intervallfasten auf Slow Carb setzt, bietet dem Körper einige Vorteile. Die gesunden Kohlenhydrate, die mit dieser Bezeichnung gemeint sind, sättigen lang, halten den Insulinspiegel stabil und werden besonders langsam verdaut.

DINKEL

Das Getreide ist reich an Eiweiß und Nährstoffen und eine gute Alternative zu Weizen. Es gilt als Abnehmhelfer und Sattmacher. Außerdem kann Dinkel die Laune verbessern, da er die Aminosäure Tryptophan enthält, ohne die der Körper kein Serotonin bilden kann. Dinkelmehl eignet sich zum Backen oder auch für einen Pizzateig.

BUCHWEIZEN

Voller wertvoller Nährstoffe, glutenfrei und vielseitig: Buchweizen schmeckt kräftig und leicht bitter. Das Knöterichgewächs punktet mit viel Eiweiß (ca. 10 %) und Ballaststoffen (ca. 3,7 %). Reichlich Magnesium, Kalium und Eisen machen ihn als Alternative zu Getreide vor allem für Vegetarier attraktiv.

WEISSE BOHNEN

Es gibt sie getrocknet, aus der Dose oder aus dem Glas. Die Hülsenfrüchte sind prima Sattmacher. Sie enthalten unter anderem viel Magnesium, das die Muskeln stärkt. Außerdem schützen die kleinen Kraftpakete – ähnlich wie Linsen und Kichererbsen – den Darm und punkten mit reichlich Proteinen.

HAFERFLOCKEN

Ob als Müsli, Porridge oder Overnight Oat (schnelles Frühstück über Nacht) – Haferflocken haben einen hohen Eiweiß- und Ballaststoffgehalt. Die darin enthaltenen speziellen Ballaststoffe (Beta-Glucane) verhindern, dass der Blutzuckerspiegel stark ansteigt. Obwohl Haferflocken mit 330 Kalorien pro 100 Gramm viel Energie liefern, machen sie nicht dick, sind aber gute Hungerdämpfer.

QUINOA

Die Mini-Körner dieses sogenannten Pseudogetreides sehen aus wie echtes Getreide, haben aber einen entscheidenden Vorteil für Menschen mit Zöliakie: Quinoa ist – ebenso wie Amarant, Chia und Co. – glutenfrei. Pseudogetreide enthalten wertvolles Eiweiß, Fett, Ballaststoffe, Vitamine und Mineralstoffe. Wichtig: Vor dem Essen immer einweichen, waschen und kochen, da die darin enthaltenen Anteile von Pflanzenstoffen die Aufnahme von Mineralstoffen behindern können.

VOLLKORN-BASMATI

Dank seiner Ballaststoffe in den Randschichten des ganzen Korns macht Vollkorn-Basmati lange satt. Wegen seines erdigen Aromas gilt der Reis als besonders edel. Er passt zu Fisch, Fleisch und Gemüse – vor allem zu indischen und orientalischen Gerichten. Er enthält einen hohen Anteil an Ballast- und Mineralstoffen, Vitaminen sowie gesunden ungesättigten Fettsäuren.

Pflanzlich essen: die Top-Eiweißlieferanten

Um sich eiweißreich zu ernähren, müssen Sie nicht immer zu Fleisch, Fisch oder anderen tierischen Quellen greifen. Ob aus Kichererbsen oder Hanfsamen – auch pflanzliche Proteine machen prima satt und liefern gleichzeitig hochwertige Nährstoffe.

KICHERERBSEN

Die Hülsenfrüchte sind für Intervallfastende eine wichtige Proteinquelle. Sie haben Bohnen, Linsen und Erbsen einiges voraus, was die Vielfalt der Verwendungsmöglichkeiten betrifft, denn sie eignen sich nicht nur für herzhafte Gerichte. Die Mini-Alleskönner unterstützen den Muskelaufbau und regulieren den Blutzuckerspiegel.

ROTE LINSEN

Ob als Suppe, Salat, Curry, Pasta oder Beilage zu Fisch und Fleisch – rote Linsen sind echte Allrounder in der Küche. Ein Blick auf die Nährwerte zeigt die Power der kleinen Kraftpakete. Pro 100 Gramm enthalten rote Linsen 26 Gramm Eiweiß und stehen damit vielen tierischen Produkten in nichts nach.

EDAMAME

Dabei handelt es sich um grüne Bohnen am Zweig, genauer, um unreif geerntete Sojabohnen aus Japan. Edamame schmecken süßlich nussig und eignen sich als Zutat im Salat ebenso wie als Beilage. Mit vielen Ballaststoffen und reichlich Protein peppen die grün leuchtenden Bohnen so manches Gericht gesund auf. Sie erhalten sie in der Regel tiefgekühlt.

MANDELN

Magnesium, Kalzium, Kupfer – Mandeln enthalten viele wertvolle Nährstoffe und sind zudem eine hervorragende Quelle für Proteine, gesunde ungesättigte Fettsäuren und Ballaststoffe. Die kleinen Kerne schmecken nicht nur zu Weihnachten. Sie eignen sich rund ums Jahr für herzhafte Speisen ebenso wie als Zutat für Kuchen, Müsli und Dessert. Veganer schätzen Mandeldrink als Kuhmilchersatz.

LUPINE

Die eiweißreichen Samen enthalten bis zu 40 Prozent Protein und bieten eine heimische Alternative zu Soja. Die Kerne wurden schon vor mehr als 4000 Jahren v. Chr. im alten Ägypten erwähnt, heute sind sie gegart in Portugal beliebt als Snack. Die getrockneten Lupinenkerne, spezielles Süßlupinenmehl oder vegane Produkte wie Lupinenfilets als Fleischersatz finden Sie in Reformhäusern und Bioläden.

HANFSAMEN

Sie wirken gegen Entzündungen im Körper und beugen mit zahlreichen Nähr- und Mineralstoffen Krankheiten und Alterungsprozessen vor. Geschälte Hanfsamen lassen sich als Superfood über Müsli und Salat streuen und eignen sich für Pestos oder Brotaufstriche. Mit kalt gepresstem Hanföl verfeinern Sie Pasta und Suppen oder bereichern Salatdressings und Bowl-Saucen.

Fit und gut drauf – Fasten und Bewegung

Sport ist gesund. Aber auf nüchternen Magen? Das erscheint vielen Menschen unvorstellbar. Brauchen wir nicht zumindest eine Banane oder eine andere Kleinigkeit, um genug Energie für Bewegung zu haben? Nicht immer, denn die Kombination aus Verzicht und Fitnesstraining ist besonders effektiv.

Zum traditionellen Heilfasten gehören leichte Formen von Bewegung: etwa Wandern, Yoga, Gymnastik, Tai-Chi oder Qigong. Das ist sinnvoll, schließlich ist eine klassische Fastenkur als Einstieg in eine gesündere Lebensweise gedacht. Auch beim Intervallfasten – egal ob kurzzeitig oder dauerhaft – ist es empfehlenswert, Sport und Bewegung in den Alltag einzubauen. Wie wichtig Sport gerade während einer längeren Fastenzeit ist, konnte eine Untersuchung an der Berliner Charité mit übergewichtigen Teilnehmern zeigen, die vier Wochen nach Buchinger fasteten. Diejenigen, die ein umfangreiches Trainingsprogramm absolviert hatten, verbesserten ihre Ausdauer um 20 Prozent. Auch die Kraft nahm zu; manche Muskeln waren hinterher sogar fast doppelt so stark. Die Sorge, dass Fasten die Muskulatur schwächen könnte, scheint bei ausreichendem Training unbegründet.

Wohltuende Abwechslung

Sportliche Betätigung aktiviert außerdem den Kreislauf, der beim Fasten absacken kann. Sie wirkt dem leichten Frösteln entgegen, das hungrige Menschen manchmal überkommt. Sport unterstützt zudem die Autophagie (siehe Seite 11) und Entgiftungsprozesse, die das Fasten in Gang setzt. Die Körperwahrnehmung verbessert sich. Und nicht zuletzt ist Bewegung eine willkommene Abwechslung im Tagesablauf, in dem einige der gewohnten leckeren Mahlzeiten fehlen. Training lenkt von Heißhunger und Essgelüsten ab. Beim Intervall- oder Kurzzeitfasten fallen einige dieser Gründe weg. Dennoch ist es sinnvoll, Bewegung und Intervallfasten zu kombinieren, da sich die positiven Effekte des Sports und des Fastens gegenseitig verstärken.

Schneller in die Fettverbrennung

Nimmt man eine Zeit lang keine Nahrung zu sich, greift der Körper auf den Zucker zurück, der in der Leber und in der Muskulatur gespeichert ist. Wenn dieser Speicherzucker, das Glykogen, zur Neige geht und nicht durch eine Mahlzeit wieder aufgefüllt wird, schaltet der Körper allmählich mehr und mehr auf Fettverbrennung um. Sport beschleunigt diesen Prozess. Wie das Fasten aktiviert auch Bewegung das Nervensystem. Der Speicherzucker wird schneller verbraucht. Durch die vermehrte Sauerstoffaufnahme wird die Umstellung auf Fettverbrennung erleichtert. Mit der Zeit kommt die Ketogenese immer mehr in Gang: Fettsäuren werden in Ketonkörper umgewandelt, eine willkommene Energiequelle für Gehirn und Muskulatur.

Mehr Muskelmasse, weniger Fett

Fasten verändert den Stoffwechsel in vielerlei Hinsicht. So steigt die Ausschüttung des Wachstumshormons HGH (Human Growth Hormone) an. Das fördert den Muskelaufbau. Übrigens ein Grund dafür, dass Intervallfasten zunächst unter Bodybuildern, Kraftsportlern und Personal Trainern populär wurde. In einschlägigen Foren wurde die Kombination von Fasten und Training als besonders wirksame Methode empfohlen, um Fett zu verlieren und den Anteil an Muskelmasse im Körper zu erhöhen. Inzwischen hat sich auch in Studien gezeigt, dass die Kombination von Fasten und Training besonders geeignet ist, den Körperfettanteil zu senken und die Muskulatur zu stärken.

Moderates Training zum Einstieg

Um die nächtliche Fastenphase beim Intervallfasten optimal zum Abnehmen zu nutzen, eignet sich zum Beispiel ein Training vor dem Frühstück. Danach können Sie dann Ihre Energiereserven mit einem üppigen Frühstück wieder füllen. Der Sport am Morgen darf allerdings nicht zu intensiv sein, da der Körper sonst nicht nur auf die Fettreserven, sondern auch auf die Muskelmasse zurückgreift. Moderate Ausdauereinheiten und Krafttraining sind optimal. Wer beim Training mit leerem Magen Kreislaufprobleme bekommt, kann vorher eine eiweißreiche Kleinigkeit zu sich nehmen oder bewegt sich besser in der Essphase (nicht direkt nach einer Mahlzeit). Wer sich abends bewegen will, sollte eher leichtes Training absolvieren, damit er nicht hungrig ins Bett muss und der Körper noch genug Energie für die Regeneration hat. Grundsätzlich sollten Sie vor dem Sport keine großen Mengen essen. Probieren Sie einfach aus, was Ihnen am besten bekommt.

Intervallfasten und Sport ergänzen sich perfekt.

Natürlicher Appetitzügler

Das Frühstück wegzulassen, führe zu vermehrtem Heißhunger im Laufe des Tages, glaubte man früher. Doch neueren Studien zufolge scheint die Nahrungsaufnahme unterm Strich ohne Frühstück geringer zu sein. Versuchspersonen, die morgens nüchtern ihr Sportprogramm absolvierten, nahmen über den Tag hinweg 400 Kalorien weniger zu sich als Personen, die vor dem Sport frühstückten. In einer Studie erwiesen sich Frauen, die morgens nüchtern trainierten, am Nachmittag als geistig fitter und weniger müde als diejenigen, die mit Getreideflocken in den Tag starteten. Die Kombination aus Sport und Fasten scheint zudem besonders effektiv die Ausschüttung des Hormons BDNF (Brain-Derived Neurotrophic Factor) anzuregen, das wie eine Art „Dünger fürs Gehirn" wirkt und das Wachstum von neuen Nervenzellen stimuliert.

Flexibilität ist Trumpf

Je mehr sich der Körper an Phasen ohne Nahrung gewöhnt, desto leichter schaltet er vom Zucker- auf den Fettstoffwechsel um. Für Sportler hat diese metabolische Flexibilität immense Vorteile. Wenn das aus Kohlenhydraten gebildete Glykogen durch die sportliche Anstrengung aufgebraucht ist, steht schnell Energie aus den Fettspeichern des Körpers zur Verfügung. Dennoch ist Vorsicht geboten. Statt ein Trainingsprogramm nach festen Regeln durchzuziehen, sollten Sie immer auf Ihren Körper hören.

Weniger essen, mehr Wertschätzung

Intervallfasten ist perfekt, um die Achtsamkeit beim Essen zu stärken und Ernährungsgewohnheiten zu verändern. Nutzen Sie die Methode, um die Wertschätzung für Ihre Nahrung wiederzuentdecken. Lernen Sie, echten Hunger zu erkennen und unnötiges Essen zu vermeiden.

Ob es darum geht, die Ernährung mit Intervallfasten umzustellen oder ein paar Kilo abzunehmen, in beiden Fällen gilt: Wir müssen unser Verhalten ändern. Denn wir essen keineswegs immer genau das, was wir brauchen. Und auch der Zeitpunkt hängt nicht davon ab, ob der Körper tatsächlich neue Energie benötigt. Vielmehr stecken Gewohnheiten dahinter. Wir folgen meist festen Mustern, die sich eingespielt haben, ohne dass wir bewusst darüber nachdenken. Also essen wir nicht nur, um satt zu werden, sondern auch gegen Frust und Stress, vor Freude, aus Langeweile oder in Gesellschaft, zum Trost und häufig auch nur, weil wir es uns einmal angewöhnt haben. Für viele Menschen gehören zum Beispiel Fernsehgucken und Knabbern zusammen, weil man irgendwann einmal damit angefangen hat und es schön fand. Das führt im Laufe der Zeit dazu, dass der Appetit auf Chips und Co. sich sofort meldet, wenn die Flimmerkiste angeschaltet wird – und zwar selbst dann, wenn das Abendessen vorher üppig war. Wir haben tatsächlich das Gefühl: „Ich brauche jetzt etwas Salziges."

Die sieben Arten des Hungers

Der erste Schritt, um achtsamer zu essen, besteht darin, sich diesen Zusammenhang bewusst zu machen. Dabei kann es hilfreich sein, vor jedem Essen über die eigenen Motive nachzudenken: Warum esse ich jetzt? Habe ich wirklich Hunger oder steckt etwas anderes dahinter? Wissenschaftler haben sieben Hungerarten definiert, die dabei helfen, den eigenen Hunger besser zu verstehen.

» **Der Magenhunger** ist nicht plötzlich da. Er entwickelt sich langsam und auf natürliche Weise. Wer regelmäßig und ausreichend isst, spürt ihn selten. Mit Magenknurren meldet er, dass es Zeit zum Essen ist. Wenn er auftritt, muss nicht sofort etwas Essbares her. Der Magenhunger lässt sich anfangs meist noch vertreiben beziehungsweise hinauszögern, indem man zum Beispiel Wasser oder ungesüßten Tee oder Kaffee trinkt.

» Der **Augenhunger** macht sich bemerkbar, wenn wir etwas Leckeres sehen und denken: „Oh, schön, da muss ich doch gleich mal zugreifen." Wir spüren ihn, wenn wir zum Beispiel am Schaufenster des Konditors vorbeilaufen oder beim Himbeereis-Dessert nicht Nein sagen können, obwohl wir eigentlich längst satt sind.

» Beim **Nasenhunger** passiert das Gleiche, nur dass die Verführung über den Geruch läuft. Das heißt, wir riechen vor der Konditorei das Vanillearoma im Kuchen und wollen uns gleich ein Stück kaufen. Oder die Imbissbude zieht uns mit dem Duft von Currywurst und Pommes magisch an, obwohl das Frühstück noch nicht lange her ist.

» Vom **Herzhunger** oder Hunger des Herzens spricht man, wenn wir unserer Seele mit Essen etwas Gutes tun wollen und Emotionen uns zum Kühlschrank oder an den Naschteller treiben. Der Grund für den Hunger des Herzens kann Wut oder Enttäuschung ebenso wie große Freude oder bedrohlicher Stress sein.

» Der **Mundhunger** wird vom Geschmack ausgelöst. Er entsteht meist durch zuckerhaltige Nahrung oder süße Getränke, die den Blutzuckerspiegel erst ansteigen und dann schnell wieder absinken lassen. Deshalb verspüren wir heißhungrig Lust auf mehr, auch wenn der Magen voll ist.

» Der **Gedankenhunger** (oder auch Gehirnhunger genannt) richtet sich meist nach Vorgaben von außen („Jetzt ist Essenszeit", „Alle anderen essen auch", „Du musst jeden Tag Obst essen", „Wenn du deinen Teller nicht leer isst, wird das Wetter morgen schlecht") und nimmt wenig Rücksicht auf die echten Bedürfnisse.

» Beim **Bedarfs- oder Zellhunger** signalisiert der Körper, dass jetzt etwas hermuss, was wir wirklich brauchen, indem wir regelrecht nach Nährstoffen, Mineralstoffen, Vitaminen oder Flüssigkeit gieren. Das Verlangen nach Kohlenhydraten nach dem Sport gehört ebenso dazu wie die Lust auf Herzhaftes nach zu viel Kuchen.

Magenknurren und Vorfreude

Hand aufs Herz: Wann haben Sie zuletzt richtig Hunger verspürt? Also echten Hunger mit leichtem Magenknurren und großer Vorfreude auf die nächste Mahlzeit? Viele kennen dieses Gefühl gar nicht mehr, weil die Mahlzeiten eng getaktet sind und zwischendurch noch Snacks dazukommen. Wer das Gefühl von Hunger und Sättigung bewusst wahrnimmt, vermeidet unnötige Kalorien, Heißhunger und Unwohlsein. Wer achtsamer isst, nimmt seinen Körper besser wahr und lernt, wieder mehr auf ihn zu hören. Das kann sehr effektiv zum Erfolg des Intervallfastens beitragen. Wenn Sie Ihre bisherigen Hungerarten durchschaut haben und sich vor allem vom Magenhunger leiten lassen, können Sie die beiden Hauptmahlzeiten des Tages achtsamer und genussvoller erleben.

DIE ERNÄHRUNGS-DOCS

Das Essen bekommt eine ganz andere Wertschätzung, wenn Sie es selbst zubereiten. „Dazu habe ich keine Zeit", heißt es oft. Doch beim Intervallfasten gilt das nicht mehr, denn Sie gewinnen Zeit, weil seltener gekocht wird. Nehmen Sie Ihr Essen immer im Sitzen am Tisch zu sich und mit allen Sinnen bewusst wahr, bevor Sie es verspeisen. Betrachten Sie es, riechen Sie daran. Wie fühlt sich bei Rohkost die Schale an? Welche Farben entdecken Sie? Genießen Sie die Vorfreude. Wenn es dann losgeht, sollten Sie nicht schlingen. Kauen Sie jeden Bissen möglichst lange und nehmen Sie sich Zeit (siehe Seite 43). Selbst wenn das nicht immer geht, sollten Sie es immer wieder probieren. Lassen Sie sich nicht ablenken. Fernseher und Smartphone sind am Tisch tabu. Selbst kleine Portionen können Sie mit schönem Geschirr, Tischdecken und stimmungsvoller Beleuchtung festlich inszenieren. Und achten Sie auf die Sättigung: In der Regel stellt sich nach etwa 15 Minuten das Sättigungsgefühl langsam ein. Wir sollten aufhören zu essen, wenn die Sättigung bei gut 75 Prozent liegt.

Tipps und Tricks zum Intervallfasten

Um leichter durch Esspausen an den Intervallfastentagen zu kommen, gibt es eine ganze Reihe von Tipps und Tricks. Das reicht vom zeitigen Zähneputzen über den 20-Minuten-Weckertrick bis zu Überbrückungshilfen für Zeiten mit Magenknurren.

Start ohne Stress

Wahrscheinlich kennen Sie das aus eigener Erfahrung: Stress und Fasten vertragen sich nicht. Wählen Sie deshalb das Wochenende oder Tage, an denen Sie wenig Stress erwarten, als Probe- oder Einstiegstage. Häufig ist es auch sinnvoll, sich zu längerem Fasten an einen ruhigen Ort zurückzuziehen, um das ganze Potenzial des Fastens auszuschöpfen. Dafür bieten sich zum Beispiel Klöster oder spezielle Fastenreisen an.

Pausen fürs Besteck

Sie schlingen oft und würden lieber etwas langsamer und genussvoller essen? Dann legen Sie Messer und Gabel nach jedem Bissen aus der Hand. Idealerweise sollte eine Mahlzeit etwa 20 Minuten dauern.

20-Minuten-Trick

Sie sind häufig nicht sicher, ob es wirklich Hunger ist, der Sie zum Kühlschrank treibt, oder ob eher Appetit und nur Lust auf etwas Leckeres dahintersteckt? Dann nutzen Sie einen Trick: Stellen Sie einen Wecker oder Timer auf 20 Minuten. In dieser Zeit denken Sie darüber nach, welche Hungerart sich bei Ihnen gerade zeigt (siehe Seite 40). Wie reagieren Sie? Können Sie die Wartezeit durchhalten? Vergeht der (vermeintliche) Hunger von allein? Die Übung führt dazu, dass man deutlich weniger isst.

Richtig trinken

Ein gesunder Körper braucht etwa zwei Liter kalorienfreie Flüssigkeit pro Tag – oder etwa 30 Milliliter pro Kilo Körpergewicht. Bei Hitze, beim Heilfasten und nach dem Sport kann es auch ein halber Liter mehr sein. Leitungs- oder Mineralwasser eignen sich ebenso wie schwarzer Kaffee und ungesüßter Tee. Auf zuckerhaltige Softdrinks und Fruchtsäfte sollten Sie besser verzichten. Als Infused Water (siehe Seite 98) lässt sich Wasser prima aufpeppen und beim Fasten auch als Überbrückungshilfe bei Magenknurren bis zur nächsten Mahlzeit nutzen.

Kau-Training

Gehören Sie zu den Menschen, die hastig herunterschlingen, was Teller und Tafel hergeben? Dann machen Sie mal ein Kau-Training. Versuchen Sie, jeden Bissen 20 Mal mit den Zähnen zu zermalmen, um Ihr Bewusstsein für langsamen Genuss zu schärfen. Damit Essen nicht zur Matheaufgabe wird, müssen Sie das nicht bei jeder Mahlzeit machen. Es ist aber auch ohne Zählen hilfreich, immer möglichst lange zu kauen, um den Sättigungseffekt zu erhöhen. Tipp: Auch Suppen kann man kauen (jeden Löffel fünf Mal).

Gegen Kopfschmerzen

Sie reagieren mit Kopfschmerzen, Kreislaufproblemen oder Schwindel auf Fasten? Eventuell steckt Salzmangel dahinter. Ein bisschen Salz im Wasser kann helfen. Wenn Sie länger fasten möchten, liefern selbst gemachte Gemüsebrühen Salz, Proteine und Nährstoffe, an denen es bei Kopfschmerzen eventuell mangelt. Wer es gewohnt ist, viel Kaffee zu trinken und fastenbedingt damit aufhört, bekommt möglicherweise durch Koffeinentzug Kopfweh. Das lässt sich vermeiden, indem Sie Ihre Kaffeemengen schon vor dem Fasten schrittweise reduzieren.

Kleine Sünden sind erlaubt

Niemand sollte sich alles verbieten, was ihm gut schmeckt. Denn dadurch entstehen leicht Heißhunger und das ungute Gefühl, verzichten zu müssen. Mal eine Pizza als Hauptmahlzeit ist ebenso erlaubt wie Currywurst mit Pommes, wenn es die Ausnahme bleibt und in der Kalorienbilanz später wieder ausgeglichen wird. Naschereien wie Eis, Kuchen, Kekse oder Schokolade eignen sich beim Intervallfasten als Dessert. So kommt es nicht zu unnötigen zusätzlichen Insulinausschüttungen.

Aus den Augen, aus dem Sinn

Am besten legt man sich natürlich keine Vorräte an Snacks, Keksen oder Chips an. Wenn sie aber dennoch vorhanden sind, hilft es schon, eine Serviette über die Verführer zu legen oder sie in die Schublade zu räumen, um Snack-Attacken nachhaltig abzuwehren.

Schriftlicher Beweis

Wer Großes vorhat (dazu gehören Verhaltensänderungen), braucht Motivation statt Frust. Seien Sie nett zu sich, auch wenn nicht alles klappt wie erwartet. Freundliches Helferlein: Führen Sie ein Glückstagebuch. Schreiben Sie jeden Abend drei Dinge auf, die Ihnen am Tag gelungen sind, über die Sie sich gefreut haben oder für die Sie dankbar sind. Auch wenn Ihnen spontan nichts einfällt, lohnt es sich, länger darüber nachzudenken. So gelangen gute, stärkende Gefühle ins Bewusstsein.

Rosinen-Check

Sie möchten lernen, achtsamer und langsamer zu essen? Dann eignet sich ein Essens-Check mit allen Sinnen. Probieren Sie es mal: Nehmen Sie eine Rosine in die Hand. Sehen Sie sie an. Riechen Sie daran. Fühlen Sie die Beschaffenheit. Hören Sie Geräusche, wenn Sie draufdrücken? Beschreiben Sie, was Sie mit allen Sinnen wahrnehmen. Im Alltag müssen Sie das natürlich nicht mit jedem Happen machen – aber es ist eine gute Achtsamkeitsübung.

Zähneputzen als Ritual

Und Schluss! Abends mit dem Essen aufzuhören, um über Nacht zu fasten, ist gar nicht so einfach, wenn man es gewohnt ist, sich zum Beispiel den Fernsehabend mit Naschereien zu versüßen. Wenn Ihnen das allzu bekannt vorkommt, probieren Sie es doch mal mit einem kleinen Trick zum Abgewöhnen: Putzen Sie sich gründlich die Zähne, wenn Sie nichts mehr essen wollen. Sie werden bald merken, dass es Ihnen danach deutlich schwerer fällt, erneut auf Essenssuche zu gehen.

Schlafen Sie gut!

Versuchen Sie, jede Nacht sieben bis acht Stunden zu schlafen. Denn wer zu wenig schläft, nimmt schneller zu. Bei Schlafmangel produziert der Körper geringere Mengen des Sättigungshormons Leptin und schüttet dafür tagsüber mehr Ghrelin aus, ein Stoffwechselhormon, das den Appetit anheizt. Ein weiterer Pluspunkt: Wenn Sie im Intervall über Nacht fasten, lassen sich spätabendliche Gänge zum Kühlschrank vermeiden, indem Sie früher ins Bett gehen.

Schritt für Schritt den Umstieg schaffen

Kaum jemand kann von heute auf morgen Gewohnheiten verändern. Das muss auch gar nicht sein. Um sich ans 16:8-Intervallfasten zu gewöhnen, sollten Sie sich Zeit nehmen und schrittweise vorgehen. Dann ist die Chance am größten, dass die Ernährungsumstellung langfristig gelingt.

Für viele Menschen ist Dauer-Snacken eine Selbstverständlichkeit. Ein sinnvoller erster Schritt zur Ernährungsumstellung besteht deshalb darin, sich das Snacken abzugewöhnen. Beobachten Sie sich selbst (oder schreiben Sie es auf), wie oft Sie zu Essbarem greifen, nur weil es Spaß macht. Dann streichen Sie das aus Ihrem Programm und essen nur noch zu den Mahlzeiten. Wenn Ihnen dies gelingt, ist schon viel gewonnen: Sie können Esspausen einhalten.

» Von drei auf zwei Mahlzeiten

Der nächste Schritt von „drei Mahlzeiten ohne Snacks dazwischen" zum 16:8-Intervallfasten ist nicht mehr weit. Sie müssen Ihre drei Mahlzeiten jetzt nur noch innerhalb von acht Stunden zu sich nehmen. Wenn das klappt, können Sie damit beginnen, die Esspausen allmählich auszudehnen, um sich an einen neuen Rhythmus zu gewöhnen. Während Sie anfangs etwa vier Stunden nichts essen, probieren Sie es dann mit fünf. Wenn Ihnen das nicht mehr schwerfällt, können auch sechs oder sieben Stunden daraus werden. Schließlich sind Sie im 16:8-Fasten mit zwei statt drei Mahlzeiten innerhalb von acht Stunden angelangt.

Ideal: Fasten in Kombination mit Entspannung.

» Einstieg an ausgewählten Tagen

Sie müssen natürlich nicht jeden Tag intervallfasten. Vor allem zum Einstieg können Sie es auch erst einmal an ausgewählten Tagen in der Woche probieren. Dabei hat es sich besonders bewährt, dafür Tage zu wählen, an denen Sie nicht viel Stress haben – zum Beispiel am Wochenende. Nutzen Sie die freie Zeit, um sich auf Ihre Ernährung zu konzentrieren. Achten Sie darauf, dass Sie sich regelmäßig entspannen, indem Sie zum Beispiel meditieren, autogenes Training, Atemübungen oder Yoga machen oder andere Dinge tun, bei denen Sie gut zur Ruhe kommen.

» Nachsicht in Ausnahmefällen

Selbst wenn Sie sehr motiviert sind, werden Sie Ihre guten Vorsätze nicht immer durchhalten. Das ist auch nicht schlimm und sollte kein Grund sein, um gleich wieder aufzuhören. Sie dürfen sich mal

Süßes erlauben (um unnötige Insulinausschüttungen zu vermeiden, am besten zum Nachtisch direkt nach einer Mahlzeit). Auch bei Feiern, Familientreffen, Veranstaltungen, im Urlaub, im Restaurant oder in anderen Ausnahmesituationen sollten Sie genießen, was Ihnen geboten wird, und danach einfach wieder in den Fastenrhythmus zurückkehren.

So funktioniert Intervallfasten mit unseren Rezepten

Möchten Sie abnehmen oder sich nur gesünder ernähren? Brauchen Sie zwei oder drei Mahlzeiten täglich? Verzichten Sie lieber aufs Frühstück oder aufs Abendessen? Mit den Rezepten in diesem Buch haben Sie die Wahl. Sie finden ein umfangreiches Angebot an Rezepten, die verschiedene Funktionen erfüllen.
Wenn Sie abnehmen wollen, brauchen Sie etwa 1500 Kalorien pro Tag, die Sie auf zwei oder drei Mahlzeiten verteilen. Zu jedem Rezept gibt es Kalorienangaben, die Sie einfach entsprechend addieren. Möchten Sie nicht abnehmen, aber trotzdem auf Zeit fasten, benötigen Sie im Durchschnitt täglich 2000 Kalorien. Die Rezepte dafür können Sie sich ebenfalls nach Ihrem Geschmack zusammenstellen und die Kalorien zusammenzählen.

Die Wochenpläne

Damit Ihnen der Einstieg ins Intervallfasten leicht fällt, haben wir Ihnen aus den Rezepten beispielhaft jeweils eine Woche mit normaler Kalorienzahl (ca. 2000 kcal pro Tag) sowie mit reduzierten Kalorien (ca. 1500) zum Abnehmen zusammengestellt (siehe ab Seite 158). Hier sehen Sie, wie man Mahlzeiten geschickt kombiniert, wann ein Smoothie eine Mahlzeit ersetzen kann oder wie man mit nur zwei Mahlzeiten auf die benötigte Energie kommt. Wer tagsüber außer Haus ist, orientiert sich bei den Rezepten am Symbol, mit dem Gerichte zum Mitnehmen gekennzeichnet sind.

Für verschiedene Bedürfnisse

Der Rezeptteil ist nach folgenden Kriterien aufgebaut:

- Wir beginnen mit Ideen für ein gesundes Frühstück als Start in den Tag.
- Zum Mittagessen schlagen wir Ihnen typische Sattmacher vor, die viele Ballaststoffe und komplexe hochwertige Kohlenhydrate enthalten.
- Zum Abendessen gibt es kleine Gerichte mit wenig Kohlenhydraten (Slow Carb) und viel Eiweiß (High Protein) – ideal, um die lange Esspause durchzuhalten.
- Wenn Sie nur zwei Mahlzeiten innerhalb von acht Stunden essen wollen, entscheiden Sie selbst, ob Sie lieber das Frühstück oder das Abendessen weglassen.
- Um genug Kalorien zu bekommen, müssen die Portionen dann entsprechend angepasst beziehungsweise muss die Kalorienzufuhr erhöht werden. Dafür bieten wir Ihnen Ideen für Smoothies sowie energiereiche Toppings in Form von Öl, Nüssen, Tofu und Käse an. Oder Sie wählen Rezepte, von denen Sie einfach die doppelte Portion essen.
- Im Notfall helfen Anti-Heißhunger-Snacks (siehe Seite 108).
- Bei allen Fastenmodellen dürfen und sollen Sie in der Fastenphase etwas trinken – allerdings nur Flüssigkeiten ohne Kalorien. Dazu gehören vor allem ungesüßter Tee oder aromatisiertes Wasser (siehe Seite 98). Auch Kaffee (ohne Milch und Zucker) dürfen Sie in Maßen täglich trinken. Eine dünne Gemüsebrühe liefert Flüssigkeit sowie Nährstoffe und Energie.

P
S

Gesund essen mit Pausen

Die positiven Effekte des Intervallfastens können Sie noch verstärken, wenn Sie sich in den Essphasen bewusst und gesund ernähren. Mit unseren über 50 leckeren Rezepten gelingt dies auf genussvolle Weise: Sie versorgen den Körper mit allem, was er braucht – und weil sie zudem lange sättigen, werden Sie die Fastenphase spielend leicht durchhalten. Sie können zwei oder drei Mahlzeiten innerhalb eines Tages so legen, wie es Ihnen passt – von einem leichten Frühstück über eine ordentliche Mahlzeit bis hin zu einem eiweißreichen Low-Carb-Gericht. Danach legen Sie eine 16-stündige Esspause ein. So bekommt Ihr Körper die von ihm ersehnte Pause für Verdauung und Selbstreinigung – und Sie fühlen sich gesund, aktiver und glücklicher.

Frühstück

Ob fruchtig oder herzhaft – damit die erste Mahlzeit fit macht, kommt es auf den richtigen Mix an. Slow Carbs aus Vollkorn, Buchweizen, Quinoa und Co. liefern dem Körper lang anhaltende Energie, ohne ihn zu sehr mit Verdauungsarbeit zu belasten. Kommen neben Obst und Gemüse auch Nüsse, Kerne, Milch- oder Milchersatzprodukte dazu, ist man zudem noch mit einer guten Portion Vitalstoffen versorgt.

Blaubeer-Smoothie-Bowl

Der geeiste Smoothie mit Kokosjoghurt, Mango und zartem Spinat bringt den Körper nach dem nächtlichen Fasten exotisch-fruchtig in Schwung.

Für 2 Personen
Zubereitung: 20 Minuten

200 g tiefgekühlte Blaubeeren
2 EL Kokos-Chips
2 EL Walnusskerne
100 g junger Spinat
½ Mango (ca. 125 g Fruchtfleisch)
2 EL Limettensaft
2 TL Ahornsirup
400 g ungesüßte vegane Joghurtalternative auf Kokosbasis
4 EL kernige Haferflocken

Nährwerte pro Portion: ca. 590 kcal, 22 g EW, 29 g F, 44 g KH, 19 g BST

+ Die gefrorenen Blaubeeren etwa 10 Minuten antauen lassen. Inzwischen die Kokos-Chips nach Belieben in einer Pfanne ohne Fett bei mittlerer Hitze hell rösten. Vom Herd nehmen und auf einem Teller abkühlen lassen.

+ Die Nüsse grob hacken. Den Spinat verlesen, waschen und trocken schleudern, dabei grobe Stiele entfernen. Die Mango schälen und in dünne Scheiben schneiden.

+ Die Blaubeeren und den Spinat mit Limettensaft, Ahornsirup und Joghurt in den Mixer geben, 100 ml kaltes Wasser dazugießen und alles erst auf niedriger, dann auf höchster Stufe pürieren, bis eine glatte Creme entstanden ist.

+ Zum Servieren den Smoothie auf Schalen (Bowls) verteilen und mit den Haferflocken, Walnüssen, Kokos-Chips und Mangoscheiben streifenförmig nebeneinander belegen. Am besten kühl genießen.

DIE ERNÄHRUNGS-DOCS

Egal, ob Sie die Bowl morgens um 8 Uhr zum Frühstück oder erst mittags löffeln – sie versorgt den Körper mit einer guten Portion Vitalstoffen und bereitet den Magen-Darm-Trakt sanft auf die bevorstehende Verdauungsarbeit vor. Wichtig: Gemüse und Obst immer in gleichem Verhältnis mixen, um einen „Fruchtzucker-Schock" mit unangenehmen Bauchschmerzen zu vermeiden.

Chia-Mandel-Pudding „de luxe“

Die nährstoffgeladenen Chiasamen sorgen für einen Kickstart am Morgen. Joghurt, Mandel-Mix und Früchte dazu – fertig ist das Powerfrühstück!

Für 2 Personen
Zubereitung: 20 Minuten
Quellen: 8 Stunden, über Nacht

400 ml ungesüßter Mandeldrink
50 g Chiasamen
½ TL gemahlene Vanille
1 EL Mandelblättchen
1 EL ungeschälte Sesamsamen
2 kleine Kiwis
125 g Himbeeren
200 g griech. Joghurt (5 % Fett)
1 EL Honig
2 TL Kakao-Nibs
(aus dem Bioladen)
Außerdem:
2 Weckgläser (à ca. ½ l Inhalt)

Nährwerte pro Portion: ca. 410 kcal, 12 g EW, 24 g F, 22 g KH, 20 g BST

+ Am Vorabend den Mandeldrink in einer Schüssel mit Chiasamen und Vanille gut verrühren und etwa 10 Minuten quellen lassen. Dann die Mischung nochmals durchrühren und auf die Weckgläser verteilen. Im Kühlschrank verschlossen etwa 8 Stunden, am besten über Nacht, quellen lassen.

+ Am nächsten Morgen Mandeln und Sesamsamen in einer Pfanne ohne Fett bei mittlerer Hitze hell rösten. Vom Herd nehmen und auf einem Teller abkühlen lassen. Die Kiwis schälen und in Spalten schneiden. Die Himbeeren verlesen, waschen und trocken tupfen.

+ Zum Servieren den Joghurt mit dem Honig glatt rühren. Zwei Drittel der Früchte auf dem gekühlten Chiapudding verteilen und den Joghurt und das übrige Obst daraufgeben. Mit dem Mandel-Sesam-Mix und den Kakao-Nibs bestreuen.

+ Für ein Frühstück im Büro den Chia-Pudding am besten gleich in einem Twist-off-Glas quellen lassen, am nächsten Tag mit Obst und Joghurt toppen und einfach mitnehmen.

DIE ERNÄHRUNGS-DOCS

Chiasamen sind reich an Mineralstoffen und wertvollen Fettsäuren – ideal, um drohende Fastenkrisen zu überwinden: Weil sie viele Ballaststoffe enthalten und stark aufquellen, wirken sie positiv auf die Verdauung und sättigen gut. Außerdem helfen sie, Giftstoffe im Darm zu binden und auszuleiten.

Beerenhüttenkäse mit Pumpernickel-Crunch

Eine frisch-fruchtige Fitness-Schüssel: Cottage Cheese mit Erdbeeren, gerösteten Brotwürfeln und karamellisierten Nüssen macht honigsüß wach und munter.

Für 2 Personen
Zubereitung: 20 Minuten

300 g Erdbeeren
2 Stiele Minze
1 EL Limettensaft
2 Scheiben Pumpernickel (ca. 80 g)
1 EL Haselnusskerne
1 EL blanchierte Mandeln
1 EL flüssiger Honig
1 TL Butter
400 g körniger Frischkäse (Halbfettstufe)

Nährwerte pro Portion: ca. 460 kcal, 30 g EW, 18 g F, 40 g KH, 7 g BST

+ Die Erdbeeren putzen, waschen und je nach Größe halbieren oder vierteln. Die Minze waschen, trocken tupfen, die Blätter abzupfen und einige zum Garnieren beiseitelegen. Den Rest in feine Streifen schneiden, mit dem Limettensaft unter die Beeren mischen, etwa 10 Minuten ziehen lassen.

+ Inzwischen das Pumpernickel in etwa 1 cm große Würfel schneiden. Die Haselnüsse und Mandeln grob hacken. Pumpernickel, Nüsse und Mandeln in einer Pfanne ohne Fett bei mittlerer Hitze etwa 5 Minuten hell rösten. Danach den Honig und die Butter dazugeben und alles unter Rühren leicht karamellisieren lassen. Vom Herd nehmen.

+ Zum Servieren den Hüttenkäse auf Schalen verteilen und die Minze-Erdbeeren daraufsetzen. Mit dem lauwarmen Pumpernickel-Mix bestreuen und mit den beiseitegelegten Minzeblättern garnieren.

DIE ERNÄHRUNGS-DOCS

Wussten Sie, dass Erdbeeren mit mehr Vitamin C punkten als Zitrone und Orange? Und dass sie nur wenig Fruchtzucker enthalten und deshalb Low-Carb-tauglich sind? Die Sommerfrüchte liefern außerdem eine gute Portion Folsäure (wichtig für Zellteilung, Eiweiß- und Fettstoffwechsel) und sind reich an Kalium, einem Mineralstoff, der den Säure-Basen-Haushalt ausgleicht.

Herbstlicher Quinoa-Oats-Skyr

Powermüsli für Aufgeweckte: Flocken und Hanfsamen quellen von allein und das Obst ist schnell geschnippelt. So fängt der Tag gut an!

Für 2 Personen
Zubereitung: 20 Minuten
Quellen: 30 Minuten

1 Banane
250 g Skyr Natur (0,2 % Fett)
100 ml Milch (1,5 % Fett)
60 g Quinoaflocken (aus dem Bioladen)
20 g geschälte Hanfsamen (aus dem Bioladen)
½ TL Zimtpulver
30 g Sonnenblumenkerne
2 TL Pistazienkerne
1 säuerlicher Apfel (z. B. Elstar)
1 EL Zitronensaft
2 Feigen (ersatzweise Pflaumen)

Nährwerte pro Portion: ca. 460 kcal, 28 g EW, 15 g F, 47 g KH, 6 g BST

+ Die Banane schälen und in grobe Stücke schneiden. Mit dem Skyr und der Milch in einen hohen Rührbecher geben und mit dem Stabmixer cremig pürieren. Danach Quinoaflocken, Hanfsamen und Zimt hinzufügen und alles gründlich mischen. Etwa 30 Minuten quellen lassen (oder am Vorabend mischen und über Nacht quellen lassen).

+ Inzwischen die Sonnenblumen- und Pistazienkerne in einer kleinen Pfanne ohne Fett bei mittlerer Hitze hell rösten. Herausnehmen und auf einem Teller abkühlen lassen.

+ Den Apfel waschen, vierteln und entkernen, die Apfelviertel quer in dünne Scheiben schneiden. Sofort mit dem Zitronensaft beträufeln, damit sie sich nicht bräunlich verfärben. Die Feigen waschen, trocken tupfen und in Spalten schneiden, dabei die Stielansätze entfernen.

+ Zum Servieren die Skyr-Mischung nochmals durchrühren, zwei Drittel der Kerne untermischen und alles auf Schalen verteilen. Die Apfelscheiben und Feigenspalten daraufsetzen und mit den restlichen Kernen bestreuen.

DIE ERNÄHRUNGS-DOCS

Skyr, das traditionelle Milchprodukt der Isländer, bringt wertvolles Eiweiß ins Müsli. Er schmeckt säuerlicher als Quark und ist in der Konsistenz fester und cremiger als Joghurt. Seine Nährstoffzusammensetzung ähnelt jedoch der von Quark: Er enthält reichlich Proteine (ca. 11 Gramm pro 100 Gramm), aber wenig Fett und Laktose (Milchzucker). Für alle, die lange satt bleiben wollen.

Sanddorn-Quark-Müsli

Sanddorn und Clementinen kommen hier mit Quark, Nüssen und Flocken in die Müslischale: ein echter Wachmacher mit viel Vitamin C.

Für 2 Personen
Zubereitung: 15 Minuten

400 g Magerquark
3 EL Sanddorn-Vollfrucht (mit Honig; aus dem Reformhaus)
3 EL Mineralwasser (mit Kohlensäure)
2 EL Walnusskerne
4 EL zarte Haferflocken
2 Clementinen
100 g grüne kernlose Weintrauben
½ Granatapfel

Nährwerte pro Portion: ca. 440 kcal, 32 g EW, 10 g F, 49 g KH, 5 g BST

+ Den Quark mit 2 EL Sanddorn-Vollfrucht und dem Mineralwasser in einer Schüssel mit einem Schneebesen cremig verrühren. Die Nüsse hacken, mit den Haferflocken mischen und ebenfalls unter die Quarkcreme rühren.

+ Die Clementinen schälen und in die einzelnen Segmente teilen. Ein Drittel der Clementinen zum Garnieren beiseitelegen, den Rest quer halbieren. Trauben waschen, von den Stielen zupfen und halbieren. Granatapfel andrücken und auf der Zitruspresse auspressen, dabei Saft und Kerne auffangen und die weißen Häutchen von den Kernen entfernen.

+ Aufgefangenen Granatapfelsaft, halbierte Clementinen und zwei Drittel der Trauben unter den Quark-Mix rühren.

+ Zum Servieren das Müsli auf Schalen verteilen und mit der übrigen Sanddorn-Vollfrucht beträufeln. Die beiseitegelegten Clementinen und die restlichen Trauben daraufgeben und alles mit den Granatapfelkernen bestreuen.

DIE ERNÄHRUNGS-DOCS

Die kleinen orangefarbenen Beeren des wilden Sanddorns stecken voller immunstärkender und antientzündlicher Inhaltsstoffe, allen voran Vitamin C. Weil sie recht sauer schmecken, isst man die Beeren nicht roh, sondern genießt sie meist als Sanddornsaft oder -mus, häufig gesüßt mit Honig oder Agavendicksaft. Nur 3 Teelöffel davon decken den Vitamin-C-Tagesbedarf.

Beerenmüsli nach Bircher Art

Reich an Ballaststoffen und Vitaminen: Der Schweizer Klassiker wird hier mit Vanille, Kirschen und frischen Beeren zum neuen Lieblingsmüsli aufgepeppt.

Für 2 Personen
Zubereitung: 25 Minuten
Quellen: 8 Stunden, über Nacht

30 g getr. Sauerkirschen
50 g zarte Haferflocken
¼ TL gemahlene Vanille
300 g Naturjoghurt (3,5 % Fett)
1 säuerlicher Apfel (z. B. Elstar)
1 EL Zitronensaft
40 g Haselnusskerne
250 g gemischte Beeren (z. B. Blau-, Him- und Johannisbeeren)
2 EL Apfeldicksaft

Nährwerte pro Portion: ca. 525 kcal, 14 g EW, 21 g F, 61 g KH, 9 g BST

+ Am Vorabend die getrockneten Kirschen grob hacken (oder im Blitzhacker zerkleinern). Mit Haferflocken, Vanille und Joghurt in einer Schüssel verrühren und im Kühlschrank zugedeckt etwa 8 Stunden, am besten über Nacht, quellen lassen.

+ Am nächsten Morgen den Apfel waschen, vierteln und entkernen. Die Apfelviertel auf der Gemüsereibe grob raspeln und sofort mit dem Zitronensaft mischen, damit sie sich nicht bräunlich verfärben. Die Haselnüsse grob hacken. Die Beeren verlesen, waschen und trocken tupfen, die Johannisbeeren von den Rispen zupfen.

+ Zum Servieren die Apfelraspel, die Hälfte der Beeren, 30 g Nüsse und 1 EL Apfeldicksaft unter die Haferflocken-Joghurt-Mischung rühren. Das Müsli auf Schalen verteilen und die restlichen Beeren und Nüsse daraufsetzen. Mit dem übrigen Apfeldicksaft beträufeln.

+ Für eine vegane Variante können Sie statt Naturjoghurt einfach ungesüßten Sojaghurt verwenden.

DIE ERNÄHRUNGS-DOCS

Ein ausgewogener Mix aus langsamen Kohlenhydraten, Eiweiß, gesundem Fett und Ballaststoffen sättigt lange und verhindert vorzeitige Heißhungerattacken, weil der Blutzuckerspiegel in Balance bleibt. Deshalb sind zum Beispiel Müsli mit Joghurt und Obst oder Vollkornbrot mit Quark und Gemüse als Morgenmahlzeit ideal. Das wusste Dr. Bircher schon vor gut 100 Jahren!

Smoothies

Mixgetränke aus frischem Obst, Blattgrün und Wasser sind ideale Energielieferanten fürs „Fastenbrechen“. Auf nüchternen Magen werden Vitamine, Mineral- und sekundäre Pflanzenstoffe besonders gut verwertet.

EVERGREEN

Für 2 Gläser (à 350 ml): **60 g jungen Spinat** verlesen, waschen und trocken tupfen. **½ Avocado** entkernen und schälen. **1 Apfel** (z. B. Elstar) waschen, vierteln und entkernen. **½ Banane** schälen und grob schneiden. **10 g Ingwer** schälen und fein würfeln. **¼ Bio-Zitrone** heiß waschen, abtrocknen und auspressen, Saft samt Frucht und Schale mit dem Saft von **1 Orange** und den übrigen Zutaten in den Mixer geben. 200 ml kaltes Wasser hinzufügen und alles cremig-fein pürieren. Auf Gläser verteilen.

Nährwerte pro Glas:
ca. 170 kcal, 2 g EW, 6 g F, 22 g KH, 5 g BST

ENDIVIEN-BITTER-ELIXIER

Für 2 Gläser (à 350 ml): **100 g Endiviensalatblätter** waschen, putzen und grob schneiden. **1 rosa Grapefruit** schälen und die Fruchtfilets in grobe Stücke schneiden. **300 g Papaya** entkernen, schälen und grob schneiden. Alles mit **2 TL Chiasamen** sowie **2 schwarzen Pfefferkörnern** in den Mixer geben. 150 ml kaltes Wasser hinzufügen und alles cremig-fein pürieren. Auf Gläser verteilen.

Nährwerte pro Glas:
ca. 130 kcal, 3 g EW, 2 g F, 17 g KH, 5 g BST

GOOD MORNING SMOOTHIE

Für 2 Gläser (à 350 ml): **2 Stangen Staudensellerie mit Grün** (ca. 100 g) putzen, waschen, Blätter abschneiden, die Stangen klein schneiden. **¼ Ananas** (ca. 350 g) schälen, den harten Strunk entfernen, Ananas grob würfeln. **10 g Kurkuma** (ersatzweise 1 TL gemahlene Kurkuma) schälen und würfeln. Alles mit **1 Msp. gemahlenem Kardamom** in den Mixer füllen. **¼ l Kokoswasser** dazugießen und alles cremig-fein pürieren. Auf Gläser verteilen.

Nährwerte pro Glas:
ca. 90 kcal, 2 g EW, 1 g F, 19 g KH, 4 g BST

RED SUMMER COOLER

Für 2 Gläser (à 350 ml): **400 g Wassermelone** schälen, entkernen und grob schneiden. **1 rote Spitzpaprikaschote** und **½ rote Pfefferschote** halbieren, putzen, waschen. **2 Tomaten** waschen und würfeln, dabei die Stielansätze entfernen. **75 g Radieschengrün** verlesen, waschen und trocken tupfen. Alles mit **2 TL nativem Olivenöl extra** in den Mixer geben. **50 g Eiswürfel** oder kaltes Wasser hinzufügen und alles cremig-fein pürieren. Mit **1 EL Weißweinessig, Salz** und **Pfeffer aus der Mühle** würzen und nochmals kurz mixen. Auf Gläser verteilen.

Nährwerte pro Glas:
ca. 120 kcal, 3 g EW, 5 g F, 12 g KH, 3 g BST

Buchweizen-Cranberry-Porridge

Da geht beim Löffeln die Sonne auf: Der wohlig-warme Brei mit Birne, Zimt und Mandeldrink weckt mit reichlich Vitaminen, Ballast- und Mineralstoffen.

Für 2 Personen
Zubereitung: 20 Minuten

100 g Buchweizen
Salz
1 Birne (ca. 175 g)
1 EL Zitronensaft
200 g Cranberrys
(frisch oder tiefgekühlt;
ersatzweise tiefgekühlte Sauerkirschen)
200 ml ungesüßter Mandeldrink
1 EL Ahornsirup
½ TL Zimtpulver
¼ TL gemahlene Vanille
20 g Pekannusskerne
(ersatzweise Walnusskerne)

Nährwerte pro Portion: ca. 385 kcal, 8 g EW, 10 g F, 66 g KH, 9 g BST

+ In einem kleinen Topf ¼ l Wasser zum Kochen bringen. Den Buchweizen in einem Sieb lauwarm abbrausen, kurz abtropfen lassen und mit 1 Prise Salz ins kochende Wasser geben. Alles aufkochen und mit geschlossenem Deckel bei schwacher Hitze etwa 15 Minuten köcheln lassen, bis das Wasser fast vollständig eingekocht ist.

+ Inzwischen die Birne waschen, vierteln und entkernen. 2 Birnenviertel in kleine Würfel, die übrigen in dünne Scheiben schneiden. Alle Birnenstücke sofort mit dem Zitronensaft beträufeln, damit sie sich nicht bräunlich verfärben. Cranberrys verlesen, waschen und trocken tupfen (tiefgekühlte Beeren rechtzeitig antauen lassen).

+ Den Mandeldrink mit Birnenwürfeln und Cranberrys unter den Buchweizen rühren und alles offen bei mittlerer Hitze noch 2 bis 3 Minuten unter Rühren erwärmen. Den Porridge mit Ahornsirup, Zimt und Vanille abschmecken.

+ Zum Servieren die Nüsse grob hacken. Den Porridge auf Schalen verteilen, mit den Nüssen bestreuen und mit den Birnenscheiben garnieren.

DIE ERNÄHRUNGS-DOCS

Rohe Cranberrys sind reich an Vitamin C und sekundären Pflanzenstoffen – vor allem ihr hoher Gehalt an Anthocyanen macht sie zu einem echten Superfood. Diese Pflanzenfarbstoffe schützen als Antioxidantien die Zellen vor freien Radikalen und wirken entzündungshemmend. Roh schmecken Cranberrys oft herb-sauer, aber beim Erhitzen geben sie ihre natürliche Süße frei.

Mohnpancakes mit Aprikosensauce

Man gönnt sich ja sonst nichts, aber am Wochenende schon: Tanken Sie neue Energie mit Vollkorn-Mohn-Küchlein und fruchtig-frischem Aprikosenjoghurt.

Für 2 Personen
Zubereitung: 35 Minuten

75 g Dinkelvollkornmehl
2 ½ TL Mohnsamen
2 EL Vollrohrzucker
1 TL Weinsteinbackpulver
Salz
1 Ei (Größe M)
100 ml ungesüßter Haferdrink
6 Aprikosen (ca. 200 g; ersatzweise Zwetschgen)
100 g ungesüßter Natur-Sojaghurt
1 EL natives Kokosöl

Nährwerte pro Portion: ca. 370 kcal, 12 g EW, 13 g F, 46 g KH, 7 g BST

+ Den Backofen auf 100 °C vorheizen. Mehl, 2 TL Mohn, Zucker, Backpulver und 1 Prise Salz in einer Rührschüssel mischen. Ei und Haferdrink dazugeben und alles mit einem Schneebesen glatt verrühren. Den Teig etwa 10 Minuten quellen lassen.

+ Inzwischen Aprikosen waschen, halbieren und entsteinen. Die Hälfte in Spalten schneiden und zum Garnieren beiseitelegen, den Rest grob schneiden und mit dem Sojaghurt in einem hohen Rührbecher mit dem Stabmixer fein pürieren, abgedeckt kühl stellen.

+ In einer großen beschichteten Pfanne ½ EL Öl erhitzen. Aus dem Mohnteig 5 bis 6 esslöffelgroße Teigportionen nebeneinander in die Pfanne setzen. Die Pancakes bei mittlerer Hitze 3 bis 4 Minuten backen, bis die Ränder leicht goldbraun werden. Wenden und 1 bis 2 Minuten backen.

+ Die Pancakes herausnehmen und auf einem Teller im Ofen warm halten. Auf diese Weise mit dem übrigen Öl und dem restlichen Teig weitere 5 bis 6 Pancakes backen. Zum Servieren die Pancakes mit der Sauce und den beiseitegelegten Aprikosen anrichten, mit übrigem Mohn bestreuen.

DIE ERNÄHRUNGS-DOCS

Mit 4 bis 5 Gramm biologisch hochwertigem Eiweiß pro 100 Gramm und nur halb so vielen Kohlenhydraten ist veganer Sojaghurt eine gute pflanzliche Alternative zu Kuhmilchprodukten. Allerdings sollten Sie die Zutatenliste auf der Verpackung genau lesen: Vielen Kuhmilchersatzprodukten ist auch in der „Natur"-Variante Zucker zugesetzt.

Granola mit Sauerkirschen

Mit vielen Nüssen, Kernen und getrockneten Kirschen bringt das Homemade-Granola ordentlich Crunch, aber nur wenig Zucker in die Müslischale.

Für 900 g (18 Portionen)
Zubereitung: 20 Minuten
Backen: 35 Minuten

100 g blanchierte Mandeln
80 g Walnusskerne
80 g Haselnusskerne
80 g Cashewkerne
50 g Kürbiskerne
30 g ungeschälte Sesamsamen
300 g kernige Haferflocken
80 g flüssiger Honig
2 TL abgeriebene Bio-Zitronenschale
100 ml kalt gepresstes Rapsöl
80 g getr. Sauerkirschen

Nährwerte pro Portion: ca. 280 kcal, 7 g EW, 20 g F, 17 g KH, 4 g BST

+ Den Backofen auf 200 °C vorheizen. Ein Backblech mit Backpapier belegen. Mandeln, Wal-, Haselnüsse, Cashew- und Kürbiskerne grob hacken und in eine große Schüssel geben. Sesam, Haferflocken, Honig, Zitronenschale und Öl dazugeben und alles mit einem Kochlöffel gut mischen.

+ Den Mix gleichmäßig auf dem Blech verteilen und im Ofen auf der zweiten Schiene von unten 30 bis 35 Minuten rösten, dabei mit einem Pfannenwender mehrmals wenden. (Aufpassen, dass die Mischung nicht zu dunkel wird!)

+ Das Granola aus dem Ofen nehmen und auf dem Blech auf einem Kuchengitter vollständig abkühlen lassen. Dann die Kirschen fein hacken und unter das Müsli mischen.

+ Die Mischung in ein großes Glas oder eine Blechdose füllen und gut verschließen. Das Granola hält sich an einem dunklen, trockenen Ort 4 bis 6 Wochen. Zum Servieren pro Person 50 g Granola beispielsweise mit Naturjoghurt und frischem Obst auf Schalen verteilen.

DIE ERNÄHRUNGS-DOCS

Ersetzen Sie mit dem selbst gemachten, wenig gesüßten Granola das fertig gekaufte, stark zuckerhaltige Knuspermüsli! Denn wer morgens kurzkettige Kohlenhydrate isst, provoziert einen Anstieg des Blutzuckerspiegels. Es wird viel Insulin ausgeschüttet, um den Zucker aus der Blutbahn in die Zellen zu schleusen. Gleichzeitig bremst Insulin den Fettabbau und das Abnehmen.

Vollkorn-Saaten-Brot

So gut schmeckt es nur selbst gemacht: Dieses gesunde Sauerteigbrot punktet mit hochwertigen Dinkelmehlen, knackigen Kernen und Weizenkeimen.

Für 1 Brot (20 Scheiben)
Zubereitung: 30 Minuten
Gehen: 1 Stunde 30 Minuten
Backen: 1 Stunde

400 g Dinkelvollkornmehl
100 g Dinkelmehl (Type 1050)
50 g Leinsamen
50 g Kürbiskerne
50 g Sonnenblumenkerne
2 EL Weizenkeime
½ EL Salz
1 TL gemahlener Koriander
½ Würfel Hefe (21 g)
1 Pck. Natursauerteig (75 g; aus dem Bioladen)
Mehl zum Arbeiten

Nährwerte pro Scheibe: ca. 140 kcal, 6 g EW, 4 g F, 19 g KH, 3 g BST

+ Beide Mehle mit Leinsamen, Kürbis- und Sonnenblumenkernen, Weizenkeimen, Salz und Koriander in einer Rührschüssel mischen. Die Hefe zerkrümeln und mit 350 bis 400 ml kaltem Wasser sowie dem Sauerteig verrühren. Den Hefe-Mix zur Mehlmischung geben und alles erst mit den Knethaken des Handrührgeräts, dann mit den Händen auf der bemehlten Arbeitsfläche glatt verkneten. Den Teig abgedeckt an einem warmen Ort etwa 1 Stunde gehen lassen. Dann den Teig erneut kräftig durchkneten, zu einem ovalen Laib formen und nochmals etwa 30 Minuten gehen lassen.

+ Den Backofen auf 200 °C vorheizen, dabei eine ofenfeste Schale mit Wasser auf den Ofenboden stellen. Ein Backblech mit Backpapier belegen. Das Brot oben mehrmals schräg einschneiden und mit Mehl bestäuben. Auf das Blech setzen und im Ofen auf der mittleren Schiene etwa 1 Stunde backen (für den Klopftest auf die Unterseite des Brotes klopfen – wenn es hohl klingt, ist es ausgebacken).

+ Das Brot aus dem Ofen nehmen und auf einem Kuchengitter vollständig abkühlen lassen. Zum Servieren das Brot in Scheiben schneiden.

DIE ERNÄHRUNGS-DOCS

Für ein herzhaftes Frühstück gilt: am besten Vollkorn wählen! Es versorgt den Körper optimal mit komplexen Kohlenhydraten und Ballaststoffen. Das hält nicht nur den Blutzucker stabil, sondern liefert obendrein wertvolle Inhaltsstoffe – vor allem, wenn das Vollkornbrot mit Samen gebacken ist, die reich an ungesättigten Fettsäuren, B-Vitaminen und Mineralstoffen sind.

Quinoa-Dinkel-Brötchen

So goldig kann der Tag beginnen: Quinoa, das Gold der Inkas, macht aus den Brötchen echte Kraftpakete, die reichlich Eiweiß und B-Vitamine enthalten.

Für 15 Brötchen
Zubereitung: 1 Stunde
Gehen: 1 Stunde
Backen: 2 x 20 Minuten

125 g Quinoa
Salz
450–500 g Dinkelvollkornmehl
1 Würfel Hefe (42 g)
½ TL Reis- oder Ahornsirup
1 EL ungeschälte Sesamsamen
1 EL Sonnenblumenkerne
1 EL kernige Haferflocken
Mehl zum Arbeiten
3 EL helles Sesamöl zum Bestreichen

Nährwerte pro Stück: ca. 180 kcal, 6 g EW, 4 g F, 26 g KH, 4 g BST

+ Die Quinoa in einem Sieb kalt abbrausen, abtropfen lassen und in einem Topf mit 300 ml Salzwasser aufkochen. Die Quinoa mit geschlossenem Deckel bei mittlerer Hitze etwa 20 Minuten garen. Dann vom Herd nehmen und offen abkühlen lassen.

+ In eine Rührschüssel 450 g Mehl und 1 TL Salz geben, in die Mitte eine Mulde drücken. Hefe hineinbröckeln, mit Sirup und 50 ml lauwarmem Wasser verrühren. Abgedeckt an einem warmen Ort etwa 10 Minuten gehen lassen.

+ Dann Quinoa und 200 ml lauwarmes Wasser zur Mehlmischung geben und alles mit den Knethaken des Handrührgeräts etwa 5 Minuten glatt verkneten. Falls der Teig zu weich ist, noch etwas Mehl einarbeiten. Den Teig zu einer Kugel formen und abgedeckt etwa 30 Minuten gehen lassen.

+ Den Backofen auf 220 °C vorheizen, dabei eine ofenfeste Schale mit Wasser auf den Ofenboden stellen. Zwei Backbleche mit Backpapier belegen.

+ Sesam, Sonnenblumenkerne und Flocken mischen. Vom Teig 15 Portionen abstechen und jede Portion mit bemehlten Händen zu einem Brötchen formen. Nebeneinander auf die Bleche setzen, mit Öl bestreichen und mit dem Kerne-Mix bestreuen. Die Brötchen abgedeckt noch etwa 20 Minuten gehen lassen.

+ Anschließend im Ofen nacheinander auf der mittleren Schiene etwa 20 Minuten backen. Herausnehmen und auf einem Kuchengitter abkühlen lassen.

Brotaufstriche

Die Krönung für jedes Körnerbrot: Ob mediterran mit Tomaten und Basilikum oder orientalisch mit Kichererbsen und Sesampaste – unsere Aufstriche lassen sich leicht zubereiten und liefern jede Menge Vitamine, Mineral- und Ballaststoffe, die gut sättigen.

ITALIENISCHER QUARKAUFSTRICH

Für ca. 420 g (7 Portionen): **50 g Walnusskerne** hacken und in einer Pfanne ohne Fett hell rösten, herausnehmen und abkühlen lassen. **50 g getr. Tomaten in Olivenöl** abtropfen lassen und klein würfeln. **3 Frühlingszwiebeln** putzen, waschen und in dünne Ringe schneiden. Die Blätter von **4 Stielen Basilikum** abzupfen, waschen und trocken tupfen. Einige zum Garnieren beiseitelegen, den Rest in feine Streifen schneiden. Alles mit **250 g Magerquark** und **2 EL Tomateneinlegeöl** verrühren, mit **Salz** und **Pfeffer aus der Mühle** würzen, mit Basilikum garnieren. Hält sich gekühlt 5 bis 6 Tage.

Nährwerte pro Portion (à ca. 60 g):
ca. 120 kcal, 6 g EW, 8 g F, 3 g KH, 1 g BST

ARTISCHOCKEN-SPINAT-PASTE

Für ca. 300 g (5 Portionen): **200 g Artischockenherzen** (aus der Dose; in Lake) abtropfen lassen und vierteln. **Je 50 g jungen Spinat und Möhrengrün** verlesen, waschen, trocken schleudern und grob hacken. Alles mit **2 EL nativem Olivenöl extra** im Blitzhacker fein pürieren. Mit **Salz, Pfeffer aus der Mühle** und **1 bis 2 EL Zitronensaft** würzen. Hält sich gekühlt 3 bis 5 Tage.

Nährwerte pro Portion (à ca. 60 g):
ca. 60 kcal, 2 g EW, 4 g F, 2 g KH, 5 g BST

LINSEN-CURRY-AUFSTRICH

Für ca. 300 g (5 Portionen): **100 g gelbe Linsen** in einem Sieb abbrausen und abtropfen lassen. **1 Zwiebel, 1 Knoblauchzehe** sowie **10 g Ingwer** schälen und fein würfeln. In **2 EL kalt gepresstem Rapsöl** bei mittlerer Hitze etwa 2 Minuten andünsten, die Linsen etwa 1 Minute mitdünsten. Mit **2 TL Currypulver** und **½ TL gemahlener Kurkuma** würzen. **150 ml Wasser** und den **Saft von ½ Orange** und dazugießen, mit geschlossenem Deckel bei schwacher Hitze etwa 15 Minuten köcheln lassen. Kurz abkühlen lassen und fein pürieren, **salzen** und **pfeffern.** Hält sich gekühlt 5 bis 6 Tage.

Nährwerte pro Portion (à ca. 60 g):
ca. 120 kcal, 6 g EW, 5 g F, 13 g KH, 2 g BST

ROTE-BETE-HUMMUS

Für ca. 300 g (5 Portionen): **1 kleine Rote Bete** (ca. 150 g) putzen, schälen, klein würfeln (Achtung, die Knolle färbt stark ab!). **1 Knoblauchzehe** schälen und fein würfeln. Beides mit **Salzwasser** bedeckt etwa 20 Minuten garen, abgießen und ausdampfen lassen. **100 g Kichererbsen** (aus der Dose) in einem Sieb abbrausen und abtropfen lassen. Alles mit **30 g Tahin** (Sesampaste) und **2 EL nativem Olivenöl extra** im Blitzhacker fein pürieren. **1 EL gehackte Mandeln** unterrühren, den Hummus mit Salz und **Pfeffer aus der Mühle** würzen. Nach Belieben mit gehacktem **Koriandergrün** garnieren. Hält sich gekühlt 3 bis 5 Tage.

Nährwerte pro Portion (à ca. 60 g):
ca. 120 kcal, 3 g EW, 8 g F, 7 g KH, 2 g BST

Gemüserührei mit Krabben

Ein Protein-Hit für alle, die es herzhaft mögen: Das Rührei mit Pesto, Krabben und buntem Gemüse macht rundum satt und glücklich – auch ohne Brot.

Für 2 Personen
Zubereitung: 25 Minuten

1 rote Spitzpaprikaschote
150 g Zucchini
2 Frühlingszwiebeln
30 g Rucola
80 g Nordseekrabben (geschält und gegart; aus dem Kühlregal)
4 Eier (Größe M)
3 TL rotes Pesto
Salz, Pfeffer aus der Mühle
1 EL natives Olivenöl extra

Nährwerte pro Portion: ca. 330 kcal, 24 g EW, 21 g F, 8 g KH, 3 g BST

+ Die Paprika längs halbieren, putzen, waschen und quer in feine Streifen schneiden. Die Zucchini putzen, waschen, längs vierteln und in Scheiben schneiden. Die Frühlingszwiebeln putzen, waschen und die weißen und hellgrünen Teile separat in dünne Ringe schneiden. Den Rucola verlesen, waschen und trocken schleudern, grobe Stiele entfernen.

+ Die Krabben in einem Sieb abbrausen und abtropfen lassen. Die Eier in einer Schüssel mit dem Pesto gründlich verquirlen und mit Salz und Pfeffer würzen.

+ Das Öl in einer beschichteten Pfanne erhitzen, Paprika, Zucchini und das Weiße der Frühlingszwiebeln darin bei mittlerer Hitze 2 bis 3 Minuten andünsten. Die Eiermasse darübergeben und allmählich stocken lassen, dabei die Eiermasse mit einem Pfannenwender mehrmals von außen nach innen schieben.

+ Zum Servieren das Gemüserührei auf Teller verteilen und mit Krabben, Rucola und Frühlingszwiebelgrün bestreuen.

DIE ERNÄHRUNGS-DOCS

Eier gehören zu den effektivsten Lebensmitteln, um intermittierendes Fasten zu unterstützen. Sie machen lange satt und haben eine hohe Nährstoffdichte. Außerdem gut: zur Eiermahlzeit eine ordentliche Portion Gemüse essen. Die sorgt für Vitamine und Mineralstoffe, Ballast- und sekundäre Pflanzenstoffe und füllt mit wenig Kalorien den Magen.

Ziegenkäseomelett mit Avocado

Herzhaft, frisch und ungemein nährstoffreich: für alle, die morgens am liebsten Eiweiß und frisches Gemüse „tanken“, um dann voll durchzustarten.

Für 2 Personen
Zubereitung: 25 Minuten

1 EL Weißweinessig
Salz, Pfeffer aus der Mühle
3 EL natives Olivenöl extra
1 kleine reife Avocado
150 g rote und gelbe Cocktailtomaten
½ Bund Schnittlauch
4 Eier (Größe M)
4 EL Milch (1,5 % Fett)
100 g Ziegenfrischkäsetaler

Nährwerte pro Portion: ca. 450 kcal, 18 g EW, 38 g F, 8 g KH, 4 g BST

+ Für die Vinaigrette Essig, Salz, Pfeffer und 2 EL Öl in einer Salatschüssel verrühren. Die Avocado halbieren, den Kern entfernen und das Fruchtfleisch aus der Schale lösen. Die Avocado in etwa 1 cm große Würfel schneiden. Die Tomaten waschen und vierteln. Den Schnittlauch waschen, trocken tupfen und in feine Röllchen schneiden. Avocado, Tomaten und Schnittlauch mit der Vinaigrette mischen.

+ Die Eier in einer kleinen Schüssel mit Milch, etwas Salz und Pfeffer gründlich verquirlen. ½ EL Öl in einer beschichteten Pfanne (ca. 24 cm Durchmesser) erhitzen, die Hälfte der Eiermasse hineingeben und 1 bis 2 Minuten stocken lassen. Den Käse zerbröckeln und die Hälfte auf dem Omelett verteilen. Offen bei mittlerer Hitze weitere 4 bis 5 Minuten stocken lassen. Das Omelett auf einen Teller gleiten lassen und mit einem Teller abgedeckt warm halten.

+ Das zweite Omelett aus der restlichen Eiermasse mit dem übrigen Öl und dem restlichen Ziegenkäse ebenso backen. Zum Servieren die Omeletts mit dem Avocadosalat belegen. Dazu passen Vollkornbrot oder -brötchen.

DIE ERNÄHRUNGS-DOCS

Die fett- und kalorienreiche Avocado steckt voller gesunder Nährstoffe. Ihr Fett besteht bis zu zwei Dritteln aus einfach ungesättigten Fettsäuren – die tragen in der Kombination mit Eiweiß aus Eiern oder Meeresfrüchten dazu bei, dass man sich lange satt fühlt. Da Avocados zum Wachsen viel Wasser benötigen und meist weit reisen, am besten Bio-Ware aus Spanien wählen.

Hähnchenbrust mit Papaya-Salsa

Ein exotischer Wachmacher: Hähnchenbrust mit chilischarfer Papaya, Petersilie und Minze entlässt sie topfit in den Tag.

Für 2 Personen
Zubereitung: 20 Minuten

1 reife Papaya (ca. 400 g)
1 kleine rote Zwiebel
1 rote Spitzpaprikaschote
½ rote Pfefferschote (Peperoni)
1 Stiel Minze
4 Stiele Petersilie
2 EL Limettensaft
1 TL flüssiger Honig
Salz, Pfeffer aus der Mühle
2 EL Walnussöl (ersatzweise natives Olivenöl extra)
150 g Hähnchenbrustaufschnitt (in dünnen Scheiben)
15 g Pistazienkerne

Nährwerte pro Portion: ca. 310 kcal, 23 g EW, 15 g F, 18 g KH, 5 g BST

+ Die Papaya halbieren, die Kerne mit einem Löffel entfernen und die Hälften schälen. Das Fruchtfleisch in etwa ½ cm große Würfel schneiden. Die Zwiebel schälen und fein würfeln. Paprika und Pfefferschote längs halbieren, putzen, waschen und ebenfalls klein würfeln.

+ Minze und Petersilie waschen, trocken tupfen und die Blätter abzupfen. Jeweils einige Blätter zum Garnieren beiseitelegen, den Rest fein hacken.

+ Den Limettensaft mit Honig, Salz, Pfeffer und Öl in einer Schüssel verrühren. Papaya, Zwiebel, Paprika, Pfefferschote und gehackte Minze und Petersilie dazugeben und alles vorsichtig mischen.

+ Zum Servieren den Hähnchenaufschnitt locker auf Teller verteilen und die Salsa darübergeben. Die Pistazienkerne grob hacken und daraufstreuen. Zuletzt alles noch mit den beiseitegelegten Minze- und Petersilienblättern garnieren.

DIE ERNÄHRUNGS-DOCS

Papaya mit Hähnchen ist eine Superkombi: In der kalorien- und ballaststoffreichen Tropenfrucht stecken große Mengen des Enzyms Papain, das dabei hilft, das Eiweiß im Fleisch aufzuspalten und leichter zu verdauen. Weitere Pluspunkte: Papaya enthält viel entwässerndes Kalium, immunstärkendes Vitamin C sowie Vitamin A für schöne Haut und gute Sehkraft.

Sattmacher

Die Hälfte des Tages ist geschafft – jetzt brauchen Sie neue Energie, um locker und konzentriert bis zum Abend durchzuhalten. Sättigende Kohlenhydrate aus Vollkornnudeln, Hirse, Reis, Hülsenfrüchten oder Kartoffeln werden vor allem mit reichlich Gemüse und pflanzlichen Power-Eiweißlieferanten kombiniert, damit Ihr Blutzuckerspiegel nur langsam und gleichmäßig ansteigt. Obendrein fördern die ballaststoffreichen Gerichte ein gesundes Darmmikrobiom.

Blumenkohl-Tomaten-Pasta

Wo Chili, Knoblauch, Kapern und Oliven auf Blumenkohl in Tomatensauce treffen, geht's zur Sache. Mit Vollkornpasta ein Sattmacher der Extraklasse!

Für 2 Personen
Zubereitung: 45 Minuten

400 g Blumenkohl
1 kleine Zwiebel
1 Knoblauchzehe
2 EL natives Olivenöl extra
Salz, Pfeffer aus der Mühle
1 Dose Cocktailtomaten (400 g)
150 g Vollkorn-Penne
40 g italien. Hartkäse
(z. B. Grana padano; am Stück)
1 EL Kapern (aus dem Glas)
30 g schwarze Oliven (ohne Stein)
2 Stiele Basilikum
1–2 EL Zitronensaft
½ TL Chiliflocken (Pul Biber)

Nährwerte pro Portion: ca. 530 kcal, 22 g EW, 21 g F, 54 g KH, 16 g BST

+ Den Blumenkohl putzen, waschen und in Röschen teilen. Den Strunk schälen und in etwa 1 cm große Stücke schneiden. Zwiebel und Knoblauch schälen und fein würfeln.

+ Blumenkohl, Zwiebel und Knoblauch in einer großen beschichteten Pfanne im Öl bei mittlerer Hitze unter Rühren etwa 3 Minuten andünsten, salzen und pfeffern. Tomaten und 100 ml Wasser dazugeben, alles aufkochen und offen bei schwacher Hitze etwa 10 Minuten köcheln lassen. Herdplatte ausschalten, den Blumenkohl zugedeckt warm halten.

+ Inzwischen die Nudeln in reichlich kochendem Salzwasser nach Packungsanweisung bissfest garen. Käse reiben. Kapern und Oliven abtropfen lassen. Basilikum waschen, trocken tupfen und die Blätter abzupfen. Nudeln in ein Sieb abgießen und abtropfen lassen, dabei 75 ml Kochwasser auffangen. Nudeln, Oliven, Kapern, 20 g Käse und aufgefangenes Nudelkochwasser unter den Blumenkohl mischen.

+ Zum Servieren die Pasta mit Salz, Pfeffer, Zitronensaft und Chiliflocken abschmecken und auf Teller verteilen. Mit übrigem Käse und Basilikum bestreuen.

DIE ERNÄHRUNGS-DOCS

Blumenkohl enthält sättigende Ballaststoffe, reichlich Vitamin C und den sekundären Pflanzenstoff Sulforaphan. Dieses Senföl gilt als starkes Antioxidans, das Zellen vor oxidativem Stress schützt. Allerdings wird dieser wertvolle Inhaltsstoff bei längerem Kochen zerstört – deshalb sollte man Blumenkohl am besten wie in diesem Rezept nur möglichst kurz dünsten.

Grüne Gemüse-Pasta mit Ricotta

Mit grüner Pflanzenpower durch den Tag: Brokkoli, Zucchini und Spinat kommen mit Vollkornnudeln auf den Teller und werden mit eiweißreichem Ricotta getoppt.

Für 2 Personen
Zubereitung: 30 Minuten

150 g Vollkorn-Tagliatelle
Salz
250 g Brokkoli
2 Frühlingszwiebeln
1 Knoblauchzehe
1 kleine Zucchini (ca. 150 g)
100 g junger Spinat
100 g tiefgekühlte Erbsen
2 Stiele Estragon
(ersatzweise ½ TL getr. Estragon)
4 EL natives Olivenöl extra
300 ml Gemüsebrühe
Pfeffer aus der Mühle
150 g Ricotta (45 % Fett i. Tr.)

Nährwerte pro Portion: ca. 660 kcal, 23 g EW, 34 g F, 56 g KH, 14 g BST

+ Die Nudeln in reichlich kochendem Salzwasser nach Packungsanweisung bissfest garen. Inzwischen den Brokkoli putzen, waschen und in Röschen teilen, den Strunk schälen und würfeln. Frühlingszwiebeln putzen, waschen und in dünne Ringe schneiden. Knoblauch schälen und fein würfeln. Zucchini putzen, waschen, längs halbieren und in Scheiben schneiden. Spinat verlesen, waschen und trocken schleudern, grobe Stiele entfernen. Erbsen antauen lassen. Estragon waschen, trocken tupfen, Blätter abzupfen und hacken.

+ Das Öl in einer großen beschichteten Pfanne erhitzen, Brokkoli darin bei mittlerer Hitze unter Rühren etwa 3 Minuten andünsten. Frühlingszwiebeln, Knoblauch und Zucchini dazugeben und etwa 3 Minuten mitbraten. Spinat, Erbsen und Estragon hinzufügen, Brühe angießen und alles mit geschlossenem Deckel bei mittlerer Hitze etwa 2 Minuten köcheln lassen. Salzen und pfeffern.

+ Die Nudeln in ein Sieb abgießen und abtropfen lassen, dabei 100 ml Nudelkochwasser auffangen. Nudeln unter das Gemüse mischen, falls nötig, etwas Nudelkochwasser dazugeben. Zum Servieren die Pasta auf Teller verteilen und den Ricotta in Flöckchen daraufsetzen.

DIE ERNÄHRUNGS-DOCS

Bei Vollkorn-Pasta und auch anderen Vollkornprodukten werden neben dem Mehlkörper auch die Hülle des ganzen Korns, die Kleie und der Keim mitverarbeitet. Deshalb punkten diese Produkte mit komplexen Kohlenhydraten, Ballaststoffen, reichlich Vitaminen, Mineral- und sekundären Pflanzenstoffen. Bei hellen Nudeln wird dagegen nur der Mehlkörper verarbeitet.

Spaghetti mit Pilz-Bolognese

Ohne Hackfleisch, dafür mit Pilzen, Möhren und viel Geschmack: Die würzige Bolognese ist superlecker und mit knuspriger Kürbiskern-Gremolata ein echter Pasta-Hit.

Für 2 Personen
Zubereitung: 30 Minuten

1 Zwiebel
150 g Möhren
½ rote Pfefferschote (Peperoni)
250 g braune Champignons
3 EL natives Olivenöl extra
Salz, Pfeffer aus der Mühle
200 g stückige Tomaten (aus der Dose)
150 g Vollkorn-Spaghetti
½ Bund Petersilie
3 EL Kürbiskerne
1 TL abgeriebene Bio-Zitronenschale

Nährwerte pro Portion: ca. 550 kcal, 21 g EW, 24 g F, 50 g KH, 15 g BST

+ Die Zwiebel schälen und fein würfeln. Möhren putzen, schälen und klein würfeln. Pfefferschote längs halbieren, putzen, waschen und fein würfeln. Pilze putzen, falls nötig, trocken abreiben und klein würfeln. Öl in einer Pfanne erhitzen und Zwiebel, Möhren und Pfefferschote darin etwa 3 Minuten bei mittlerer Hitze andünsten. Die Pilze dazugeben und etwa 5 Minuten unter Rühren mitbraten, salzen und pfeffern. Tomatenstücke und 50 ml Wasser hinzufügen und die Bolognese offen bei schwacher bis mittlerer Hitze 10 bis 15 Minuten garen, zwischendurch umrühren.

+ Inzwischen die Nudeln in reichlich kochendem Salzwasser nach Packungsanweisung bissfest garen. Die Petersilie waschen, trocken tupfen, die Blätter abzupfen und hacken. Die Kürbiskerne hacken, mit der Petersilie und der Zitronenschale mischen.

+ Zum Servieren die Nudeln in ein Sieb abgießen, dabei 50 ml Kochwasser auffangen. Die Nudeln und das aufgefangene Nudelkochwasser zur Bolognese geben und alles nochmals aufkochen. Die Pasta mit Salz und Pfeffer würzen, auf Teller verteilen und mit der Gremolata bestreuen.

DIE ERNÄHRUNGS-DOCS

Mit nur rund 20 Kalorien pro 100 Gramm sind Champignons wahre Schlankmacher und obendrein auch sehr gesund: Das enthaltene Niacin (Vitamin B_3) hilft dem Körper bei der Energiegewinnung und sorgt dafür, dass Muskeln und Nerven optimal funktionieren. Außerdem unterstützen die Pilze mit vielen Ballaststoffen die Verdauung und sättigen nachhaltig.

Sellerieschnitzel mit Tomaten

Das Veggie-Schnitzel mit neuer Begleitung: Tomaten und Mozzarella gesellen sich zu den Knusper-Talern und machen daraus ein sommerliches Low-Carb-Gericht.

Für 2 Personen
Zubereitung: 45 Minuten

1 kleiner Knollensellerie (ca. 500 g)
Salz
2 EL Rotweinessig
Pfeffer aus der Mühle
3 EL natives Olivenöl extra
500 g kleine Tomaten
125 g Mozzarella (mind. 45 % Fett i. Tr.)
3 Stiele Basilikum
40 g Dinkelmehl (Type 1050)
50 g Vollkornsemmelbrösel
1 Ei (Größe L)
1 EL Milch (1,5 % Fett)
5 EL Olivenöl zum Braten

Nährwerte pro Portion: ca. 710 kcal, 25 g EW, 48 g F, 36 g KH, 14 g BST

+ Den Sellerie putzen, schälen und in etwa 1 ½ cm dicke Scheiben schneiden. In reichlich kochendem Salzwasser 5 bis 7 Minuten garen, herausnehmen, kalt abschrecken und gut abtropfen lassen.

+ Inzwischen in einer Salatschüssel Essig mit 1 EL Wasser, Salz, Pfeffer und nativem Olivenöl verrühren. Die Tomaten waschen und in Spalten schneiden, dabei die Stielansätze entfernen. Den Mozzarella abtropfen lassen und grob zupfen. Das Basilikum waschen, trocken tupfen, die Blätter abzupfen und grob hacken. Tomaten, Mozzarella und Basilikum mit der Vinaigrette mischen.

+ Das Mehl und die Semmelbrösel jeweils in tiefe Teller geben. Das Ei in einem tiefen Teller mit Milch, Salz und Pfeffer verquirlen. Die Sellerieschreiben zunächst im Mehl wenden, dann durch das verquirlte Ei ziehen und zuletzt mit den Vollkornsemmelbröseln panieren. Das Öl zum Braten in einer großen beschichteten Pfanne erhitzen und die Sellerieschnitzel darin bei mittlerer Hitze auf jeder Seite 4 Minuten braten. Herausnehmen, auf Küchenpapier abtropfen lassen und sofort mit dem Tomaten-Mozzarella-Salat servieren.

DIE ERNÄHRUNGS-DOCS

Knollensellerie ist eine echte Nährstoffbombe. Er punktet mit Vitamin C und B-Vitaminen, enthält reichlich Kalium und Natrium und ist eine gute pflanzliche Kalziumquelle. Ein weiteres Plus von Sellerie sind seine Bitterstoffe, die anregend auf das gesamte Verdauungssystem wirken und hilfreich gegen Heißhungerattacken sind.

Kürbis-Hirse-Pfanne mit Spinat

Sich satt essen und dabei in den Orient träumen: Hirse, Kürbis und Spinat werden hier mit Harissa-Schärfe zu einem wunderbar aromatischen Pfannengericht kombiniert.

Für 2 Personen
Zubereitung: 35 Minuten

350 g Muskat- oder Butternusskürbis
1 rote Zwiebel
1 Knoblauchzehe
3 EL natives Olivenöl extra
2 TL Harissa-Paste
2 EL Zitronensaft
125 g Hirse
Salz, Pfeffer aus der Mühle
300 ml glutenfreie Gemüsebrühe
200 g junger Spinat
30 g Walnusskerne
100 g Feta (Schafskäse; mind. 45 % Fett i. Tr.)

Nährwerte pro Portion: ca. 620 kcal, 17 g EW, 35 g F, 54 g KH, 9 g BST

+ Kürbis schälen, die Kerne mit einem Löffel entfernen, den Kürbis etwa 1 cm groß würfeln. Zwiebel schälen, halbieren und in feine Streifen schneiden. Knoblauch schälen und fein würfeln. 1 EL Öl mit Harissa und Zitronensaft verrühren.

+ Kürbis und Zwiebel in einer großen beschichteten Pfanne im übrigen Öl bei mittlerer Hitze etwa 3 Minuten andünsten. Die Hirse in einem Sieb abbrausen, mit dem Knoblauch hinzufügen und 1 bis 2 Minuten unter Rühren mitbraten, salzen und pfeffern. Die Hälfte der Harissa-Sauce unterrühren, die Brühe dazugießen und alles aufkochen. Mit geschlossenem Deckel bei schwacher Hitze etwa 15 Minuten köcheln lassen.

+ Inzwischen den Spinat verlesen, waschen und trocken schleudern, grobe Stiele entfernen. Die Nüsse grob hacken. Beides zum Kürbis-Hirse-Mix geben und untermischen. Mit geschlossenem Deckel bei schwacher Hitze 2 bis 3 Minuten ziehen lassen, bis der Spinat zusammengefallen ist.

+ Zum Servieren die Kürbis-Hirse-Pfanne mit Salz und Pfeffer abschmecken und auf Teller verteilen. Den Feta darüberbröseln, die übrige Harissa-Sauce dazu reichen.

DIE ERNÄHRUNGS-DOCS

Hirse ist glutenfrei und ein bekömmlicher Sattmacher. Mit seinem hohen Gehalt an Eisen und Silizium wirkt das Getreide kräftigend auf Knochen, Gelenke, Haare, Haut und Nägel. Wer seinen Eisenspiegel positiv beeinflussen möchte, sollte Hirse gezielt mit Vitamin-C-haltigen Lebensmitteln zu sich nehmen. Dann kann der Körper das Eisen besser aufnehmen.

Infused Water

Wasser ist gut, Früchtewasser schmeckt besser. Mit Obst, Gurken, Kräutern und Gewürzen kommt erfrischende Abwechslung ins Glas – ganz ohne Zucker und Aromastoffe! So decken Sie Ihren Flüssigkeitsbedarf auf gesunde Weise!

BEEREN-MINZE-COOLER

Für 4 Gläser (à 300 ml): **100 g gemischte Beeren** (z. B. Blau-, Him-, Johannisbeeren; frisch oder tiefgekühlt) verlesen und waschen. Die Blätter von **2 Stielen Minze** abzupfen und waschen. Beides in eine Karaffe geben. Mit 1 l kaltem Wasser auffüllen und 3 bis 4 Stunden ziehen lassen. Zum Servieren nach Belieben noch **8 Eiswürfel** dazugeben und den Cooler auf Gläser verteilen.

Nährwerte pro Glas:
ca. 9 kcal, 0 g EW, 0 g F, 1 g KH, 0,5 g BST

ORANGEN-ROSMARIN-MIX

Für 4 Gläser (à ¼ l): **½ Bio-Orange** heiß waschen, abtrocknen und quer in etwa 1 cm breite Scheiben schneiden. Mit **1 Zweig Rosmarin** und **1 kleinen getr. Chilischote** in eine Karaffe geben. Alles mit 1 l kaltem Wasser auffüllen und 3 bis 4 Stunden ziehen lassen. Auf Gläser verteilen.

Nährwerte pro Glas:
ca. 5 kcal, 0 g EW, 0 g F, 1 g KH, 0 g BST

LIMETTEN-MELISSE-SPRITZ

Für 4 Gläser (à ¼ l): **1 Bio-Limette** heiß waschen, abtrocknen, vierteln und leicht andrücken. Die Blätter von **2 Stielen Zitronenmelisse** abzupfen und waschen. Beides in eine Karaffe geben. Mit **1 l kaltem Mineralwasser** (mit Kohlensäure) auffüllen und 3 bis 4 Stunden ziehen lassen. Auf Gläser verteilen.

Nährwerte pro Glas:
ca. 5 kcal, 0 g EW, 0 g F, 1 g KH, 0 g BST

BIRNEN-VANILLE-WASSER

Für 4 Gläser (à ¼ l): **½ reife Birne** (z. B. Williams Christ; ca. 150 g) waschen, halbieren, entkernen und in dünne Scheiben schneiden. **1 Vanilleschote** längs aufschneiden und in etwa 2 cm kleine Stücke schneiden. Birnenscheiben und Vanille mit **¼ Zimtstange** in eine Karaffe geben. Mit 1 l kaltem Wasser auffüllen und 3 bis 4 Stunden ziehen lassen. Auf Gläser verteilen.

Nährwerte pro Glas:
ca. 20 kcal, 0 g EW, 0 g F, 4 g KH, 1 g BST

GURKEN-MANGO-WASSER

Für 4 Gläser (à 300 ml): **1 Mini-Salatgurke** waschen und grob schneiden. **20 g Ingwer** ungeschält in dünne Scheiben schneiden. Beides mit **100 g tiefgekühlten Mangowürfeln** in eine Karaffe geben. Mit 1 l kaltem Wasser auffüllen und 3 bis 4 Stunden ziehen lassen. Auf Gläser verteilen.

Nährwerte pro Glas:
ca. 20 kcal, 0 g EW, 0 g F, 4 g KH, 1 g BST

Spargelbratreis mit Cashewkernen

Bunt, gesund und raffiniert gewürzt: Der Veggie-Mix aus Asien gelingt besonders gut, wenn Sie ihn mit gegartem Reis vom Vortag zubereiten.

Für 2 Personen
Zubereitung: 35 Minuten

100 g Vollkorn-Basmatireis
Salz
300 g grüner Spargel
4 Frühlingszwiebeln
15 g Ingwer
1 Knoblauchzehe
100 g Mungobohnensprossen
3 EL glutenfreie Sojasauce (z. B. Tamari)
1–2 EL Limettensaft
½–1 TL Sambal oelek
60 g Cashewkerne
4 EL helles Sesamöl
2 Eier (Größe M)

Nährwerte pro Portion: ca. 730 kcal, 24 g EW, 43 g F, 58 g KH, 8 g BST

+ Den Reis in einem Sieb gründlich mit kaltem Wasser abspülen. In einem Topf mit Salzwasser mit geschlossenem Deckel bei schwacher Hitze nach Packungsanweisung bissfest garen. Den Reis in ein Sieb abgießen, abtropfen und abkühlen lassen.

+ Währenddessen den Spargel waschen, im unteren Drittel schälen und die holzigen Enden abschneiden. Den Spargel schräg in Stücke schneiden. Die Frühlingszwiebeln putzen, waschen und schräg in dünne Ringe schneiden. Ingwer und Knoblauch schälen und fein hacken. Die Sprossen in einem Sieb kalt abbrausen und abtropfen lassen. Die Sojasauce mit Limettensaft und ½ TL Sambal oelek verrühren.

+ Cashewkerne in einer großen Pfanne in 2 EL Öl bei mittlerer Hitze 2 bis 3 Minuten hell rösten, herausnehmen und beiseitelegen. Den Spargel in der Pfanne im verbliebenen Öl bei mittlerer Hitze etwa 4 Minuten unter Rühren andünsten. Frühlingszwiebeln, Ingwer und Knoblauch etwa 2 Minuten mitbraten, dann alles aus der Pfanne nehmen.

+ Den gegarten Reis in der Pfanne in 1 ½ EL Öl bei starker Hitze etwa 5 Minuten unter Rühren knusprig braten. Den Spargel-Mix und die Sprossen untermischen. Die Sojamarinade dazugießen und alles noch etwa 1 Minute weiterbraten, mit Salz und übrigem Sambal oelek würzen.

+ Inzwischen die Eier in einer kleinen Pfanne im übrigen Öl zu Spiegeleiern braten, leicht salzen. Zum Servieren den Bratreis mit den Spiegeleiern auf Teller verteilen und mit Cashewkernen bestreuen.

24
West Germany

Frühlingstopf mit Kohlrabipesto

Doppelt clever: Die Kichererbsennudeln haben weniger Kohlenhydrate, dafür mehr Eiweiß. Und für das Pesto werden die vitaminreichen Kohlrabiblätter verwendet.

Für 2 Personen
Zubereitung: 45 Minuten

100 g Kichererbsennudeln (z. B. Spirelli; aus dem Bioladen)
Salz
2 junge Kohlrabi mit Grün (à ca. 300 g)
150 g Möhren
150 g dünner Lauch
120 g tiefgekühlte Erbsen
5 EL natives Olivenöl extra
1,2 l glutenfreie Gemüsebrühe
2 TL getr. italien. Kräuter
Pfeffer aus der Mühle
20 g Pinienkerne
1 Knoblauchzehe
25 g geriebener Parmesan

Nährwerte pro Portion: ca. 790 kcal, 30 g EW, 48 g F, 51 g KH, 17 g BST

+ Die Nudeln in kochendem Salzwasser nach Packungsanweisung bissfest garen, in ein Sieb abgießen und abtropfen lassen. Vom Kohlrabi die harten Stiele entfernen, die Blätter beiseitelegen. Kohlrabi und Möhren putzen, schälen und etwa 2 cm groß würfeln. Lauch putzen, waschen und in etwa 1 cm dicke Ringe schneiden. Erbsen auftauen lassen.

+ Kohlrabi, Möhren und Lauch in einem Topf in 1 EL Öl etwa 2 Minuten andünsten. Die Brühe dazugießen, die Kräuter dazugeben und alles aufkochen. Dann den Eintopf mit geschlossenem Deckel bei mittlerer Hitze etwa 10 Minuten garen. Erbsen und Nudeln hinzufügen, alles aufkochen und etwa 2 Minuten köcheln lassen, salzen und pfeffern.

+ Währenddessen Pinienkerne in einer Pfanne ohne Fett bei mittlerer Hitze hell rösten, herausnehmen und abkühlen lassen. Knoblauch schälen und grob hacken. 40 g Kohlrabiblätter waschen, trocken tupfen und grob schneiden. Mit Pinienkernen, Knoblauch und übrigem Öl im Blitzhacker fein pürieren, Käse unterrühren, salzen und pfeffern.

+ Zum Servieren den Eintopf auf Schalen oder tiefe Teller verteilen, je 1 EL Pesto daraufsetzen (Rest dazu reichen).

DIE ERNÄHRUNGS-DOCS

In Kichererbsennudeln stecken weniger Kohlenhydrate (ca. 50 Gramm pro 100 Gramm) als in Weizen-Pasta. Sie sind also reich an langsam verdaulichen Kohlenhydraten, die den Blutzuckerspiegel nicht in die Höhe schnellen lassen und lange sättigen. Außerdem punkten die glutenfreien Nudeln mit reichlich Proteinen, Ballast- und Mikronährstoffen.

Gefüllte Auberginen mit Couscous

Braucht etwas Zeit, aber der Aufwand lohnt sich: Die mit würzigen Tomaten gefüllten Auberginen sind nicht nur im Sommer ein Hit!

Für 2 Personen
Zubereitung: 1 Stunde
Garen: 25 Minuten

2 Auberginen
Salz
1 Zwiebel
1 Knoblauchzehe
250 g Tomaten
½ Bund Petersilie
4 EL natives Olivenöl extra
½ TL gemahlener Kreuzkümmel
½ TL Chiliflocken (Pul Biber)
Pfeffer aus der Mühle
30 g gehackte blanchierte Mandeln
125 g Dinkel-Vollkorn-Couscous
150 g griech. Joghurt (5 % Fett)

Nährwerte pro Portion: ca. 630 kcal, 19 g EW, 35 g F, 55 g KH, 14 g BST

+ Den Backofen auf 220 °C vorheizen. Die Auberginen putzen, waschen und längs halbieren. Die Schnittflächen kreuzweise einschneiden und das Innere bis auf einen etwa 1 cm breiten Rand herauslösen. Die Auberginen mit Salz bestreuen und auf der Innenseite auf Küchenpapier abtropfen lassen. Das Auberginenfleisch fein hacken.

+ Zwiebel und Knoblauch schälen und fein würfeln. Die Tomaten waschen und klein würfeln, dabei Kerne und Stielansätze entfernen. Die Petersilie waschen, trocken tupfen, die Blätter abzupfen und fein hacken.

+ Das gehackte Auberginenfleisch mit Zwiebel und Knoblauch in einer Pfanne in 2 EL Öl bei mittlerer Hitze etwa 5 Minuten andünsten. Vom Herd nehmen, dann Tomaten und Petersilie untermischen. Die Füllung mit Kreuzkümmel, Chiliflocken, Salz und Pfeffer würzen.

+ Die Auberginenhälften nebeneinander in eine Auflaufform (ca. 30 x 20 cm) setzen, mit dem Tomaten-Mix füllen und mit 1 EL Öl beträufeln. Im Ofen auf der mittleren Schiene etwa 25 Minuten garen.

+ Inzwischen Mandeln und Couscous in einem Topf im übrigen Öl etwa 3 Minuten unter Wenden rösten. ¼ l Wasser dazugießen, alles salzen, pfeffern und aufkochen. Den Couscous dann mit geschlossenem Deckel bei schwacher Hitze etwa 10 Minuten köcheln lassen. Zum Servieren die Auberginen aus dem Ofen nehmen, je 2 Hälften auf Teller setzen und mit dem Joghurt beträufeln. Den Mandelcouscous dazu reichen.

Linsen-Dal mit Ofenromanesco

Die perfekte Veggie-Mahlzeit für alle, die es exotisch lieben: supersättigend, mit viel hochwertigem pflanzlichem Eiweiß, Eisen und Vitamin C.

Für 2 Personen
Zubereitung: 45 Minuten
Garen: 30 Minuten

1 kleiner Romanesco (ca. 500 g; ersatzweise Blumenkohl)
4 EL natives Olivenöl extra
Salz, Pfeffer aus der Mühle
1 Zwiebel
1 Knoblauchzehe
200 g rote Linsen
1 TL gemahlene Kurkuma
½ TL gemahlener Kreuzkümmel
½ TL rosenscharfes Paprikapulver
1 TL Tomatenmark
½ l vegane glutenfreie Gemüsebrühe
2–3 TL Zitronensaft
2 EL ungesüßter Sojaghurt

Nährwerte pro Portion: ca. 530 kcal, 23 g EW, 27 g F, 43 g KH, 11 g BST

+ Den Backofen auf 200 °C vorheizen. Ein Backblech vorbereiten. Den Romanesco putzen, waschen und in Röschen teilen, den harten Strunk entfernen. Die Röschen in einer Schüssel mit 2 EL Öl, Salz und Pfeffer mischen. Den Brokkoli gleichmäßig auf dem Blech verteilen und im Ofen auf der mittleren Schiene 25 bis 30 Minuten rösten.

+ Inzwischen Zwiebel und Knoblauch schälen, fein würfeln und in einem Topf im übrigen Öl bei mittlerer Hitze etwa 2 Minuten andünsten. Die Linsen in einem Sieb abbrausen, dazugeben, alles mit Kurkuma, Kreuzkümmel, Paprikapulver und Tomatenmark würzen und kurz mitdünsten. Die Brühe dazugießen, die Linsen aufkochen und mit geschlossenem Deckel bei schwacher bis mittlerer Hitze 15 bis 20 Minuten garen, bis sie zu Mus zerfallen. Dabei ab und zu umrühren.

+ Anschließend das Dal mit Salz und Pfeffer abschmecken. Den Romanesco aus dem Ofen nehmen und mit Zitronensaft beträufeln. Zum Servieren das Dal auf tiefe Teller oder Schalen verteilen, den Romaneso und den Joghurt daraufgeben und mit Paprikapulver bestäuben.

DIE ERNÄHRUNGS-DOCS

Rote Linsen sind bereits geschält. Daher haben sie im Gegensatz zu anderen Linsensorten kaum blähende Inhaltsstoffe und sind leicht verdaulich. Sie enthalten außerdem viel Eisen und fast alle lebensnotwendigen Aminosäuren – außer Methionin und Cystein. Wenn Sie eine Portion Reis zum Dal essen, wird der Körper mit allen acht essenziellen Aminosäuren versorgt.

Anti-Heißhunger-Snacks

Gerade zum Einstieg ins Intervallfasten hilft es, SOS-Snacks zur Hand zu haben, wenn der Magen knurrt: Dank wertvoller Vitalstoffe stillen Schokobeeren, Knusper-Kichererbsen und Co. den Heißhunger auf gesunde Art.

SCHOKO-ERDBEEREN

Für 4 Portionen: **8 Erdbeeren** waschen, dabei Stiele und Blätter nicht entfernen. **50 g vegane Zartbitterschokolade** (mind. 80 % Kakaoanteil) über dem heißen Wasserbad schmelzen. Erdbeeren zur Hälfte hineintauchen und auf Backpapier trocknen lassen. Sie halten sich im Kühlschrank 1 bis 2 Tage.

Nährwerte pro Portion:
ca. 70 kcal, 2 g EW, 2 g F, 8 g KH, 3 g BST

GETROCKNETE APFELRINGE

Für ca. 60 g (4 Portionen): **2 säuerliche Äpfel** (z. B. Elstar; ca. 300 g) waschen, das Kerngehäuse im Ganzen ausstechen und die Äpfel in etwa ½ cm dünne Scheiben hobeln. Sofort mit **2 EL Zitronensaft** beträufeln. In dem auf 100 °C vorgeheizten Ofen auf dem mit Backpapier belegten Ofenrost auf der mittleren Schiene etwa 3 Stunden trocknen, dabei die Ofentür einen Spalt offen lassen. Die Apfelringe sind 2 bis 3 Monate halbar.

Nährwerte pro Portion (à ca. 15 g):
ca. 10 kcal, 0 g EW, 0 g F, 2 g KH, 0 g BST

MARINIERTE OREGANO-OLIVEN

Für ca. 200 g (4 Portionen): **160 g grüne Oliven, 1 EL gehackter Oregano, 2 EL natives Olivenöl extra, 2 EL Zitronensaft** und **½ TL Chiliflocken** (Pul Biber) gründlich mischen. Die marinierten Oliven halten sich 1 bis 2 Wochen.

Nährwerte pro Portion (à ca. 50 g):
ca. 100 kcal, 1 g EW, 10 g F, 1 g KH, 2 g BST

CURRY-KICHERERBSEN

Für ca. 250 g (8 Portionen): **250 g Kichererbsen** (aus der Dose) in einem Sieb abbrausen und trocken tupfen, in **1 EL nativem Olivenöl extra** wenden. In dem auf 180 °C vorgeheizten Ofen auf einem mit Backpapier belegten Backblech auf der mittleren Schiene etwa 25 Minuten rösten. Noch warm mit **1 TL Currypulver** und etwas **Salz** mischen. Die Curry-Kichererbsen sind 1 bis 2 Wochen haltbar.

Nährwerte pro Portion (à ca. 30 g):
ca. 50 kcal, 2 g EW, 2 g F, 6 g KH, 1 g BST

TOMATEN-MANDEL-KUGELN

Für 10 Stück: **50 g getr. Soft-Tomaten, 2 EL zarte Haferflocken, 2 EL gemahlene Mandeln, 20 g natives Kokosöl** und **2 EL Petersilienblätter** im Blitzhacker glatt pürieren und zu 10 etwa walnussgroßen Bällchen formen. Im Kühlschrank aufbewahren, dann halten sie sich 1 bis 2 Wochen.

Nährwerte pro Stück:
ca. 40 kcal, 1 g EW, 3 g F, 2 g KH, 1 g BST

Quinoa-Bowl mit Räuchermakrele

Diese Schüssel hat es in sich: knackiger Apfel, Rote Bete und Räuchermakrele mit Meerrettichrahm auf bunten Körnchen – sieht sensationell aus und macht topfit.

Für 2 Personen
Zubereitung: 45 Minuten

125 g bunte Quinoa
Salz
1 rote Zwiebel
4 EL Rotweinessig
1 TL flüssiger Honig
Pfeffer aus der Mühle
3 EL kalt gepresstes Rapsöl
1 säuerlicher Apfel (z. B. Boskoop)
250 g Rote Bete (vorgegart und vakuumiert)
100 g saure Sahne (10 % Fett)
2 TL geriebener Meerrettich (aus dem Glas)
1 Räuchermakrele (ca. 300 g)
1 Beet Kresse

Nährwerte pro Portion: ca. 920 kcal, 31 g EW, 57 g F, 65 g KH, 10 g BST

+ Die Quinoa in einem Sieb kalt abbrausen und abtropfen lassen. In einem Topf mit 125 ml Wasser aufkochen, leicht salzen und mit geschlossenem Deckel bei schwacher Hitze 20 bis 25 Minuten köcheln lassen. Danach durch ein Sieb abgießen, kalt abschrecken und abtropfen lassen.

+ Währenddessen die Zwiebel schälen und fein würfeln. Mit Essig, Honig, Salz und Pfeffer in einer Salatschüssel verquirlen. Das Öl nach und nach unterschlagen. Quinoa und Zwiebelwürfel untermischen, alles mit Salz und Pfeffer abschmecken und etwa 10 Minuten ziehen lassen.

+ Inzwischen den Apfel waschen, vierteln und entkernen. Die Apfelviertel in dünne Spalten schneiden. Die Rote Bete abtropfen lassen und etwa 1 cm groß würfeln (Achtung, die Knollen färben stark ab!). Saure Sahne mit Meerrettich verrühren, salzen und pfeffern. Die Makrele häuten und entgräten, die Filets in grobe Stücke schneiden. Die Kresse vom Beet abschneiden, waschen und trocken tupfen.

+ Zum Servieren die Quinoa auf Schalen (Bowls) verteilen und Apfelspalten, Rote Bete, Makrele und Meerrettichsahne dekorativ darauf verteilen, alles mit Kresse bestreuen.

DIE ERNÄHRUNGS-DOCS

Makrelen gehören zu den fetten Meeresfischen und enthalten viele wertvolle Omega-3-Fettsäuren – gut für das Herz-Kreislauf-System, das Gehirn und die Abwehrkräfte. Auch aus dem Rauch sind Makrelen gesund, denn die Vitamine gehen beim Räuchern kaum verloren. Der Anteil an Eiweiß, Fett und Mineralstoffen ist sogar höher als bei frischem Fisch.

Lachsbuletten mit Kartoffelsalat

Zum Sattessen und Sich-Wohlfühlen: Mit Fischfrikadellen und würzigem Kartoffelsalat macht Intervallschlemmen richtig Spaß – und schlank obendrein!

Für 2 Personen
Zubereitung: 35 Minuten

350 g festkochende Kartoffeln
1 kleine Zwiebel
100 ml Gemüsebrühe
1–2 EL Weißweinessig
Salz, Pfeffer aus der Mühle
½ Salatgurke
3 Stiele Estragon
4 EL natives Olivenöl extra
300 g Lachsfilet (ohne Haut)
1 Bio-Zitrone
50 g Vollkornsemmelbrösel
2 Eier (Größe M)

Nährwerte pro Portion: ca. 740 kcal, 43 g EW, 44 g F, 38 g KH, 5 g BST

+ Die Kartoffeln waschen und in einem Topf in Wasser etwa 20 Minuten weich garen. Abgießen, kurz ausdampfen lassen und pellen.

+ Inzwischen Zwiebel schälen, fein würfeln und in einem kleinen Topf mit der Brühe aufkochen. Dann mit geschlossenem Deckel bei schwacher Hitze etwa 2 Minuten köcheln lassen. Alles in eine Salatschüssel gießen, mit Essig, Salz und Pfeffer verrühren. Kartoffeln noch warm in Scheiben schneiden und vorsichtig unter den Zwiebelsud mischen.

+ Die Gurke putzen, waschen und auf der Gemüsereibe in dünne Scheiben hobeln. Estragon waschen, trocken tupfen, Blätter abzupfen und einige zum Garnieren beiseitelegen, den Rest in feine Streifen schneiden. Die Gurke und den geschnittenen Estragon mit 2 EL Öl unter die Kartoffelscheiben mischen und den Salat nochmals abschmecken.

+ Den Lachs waschen, trocken tupfen und in feine Würfel schneiden. Die Zitrone heiß waschen, abtrocknen und etwa 1 TL Schale fein abreiben. Dann die Zitrone halbieren und 3 EL Saft auspressen. Zitronenschale und -saft mit Semmelbröseln, Eiern und Lachswürfeln mischen. Die Masse mit Salz und Pfeffer würzen und gründlich verkneten.

+ Aus der Masse mit angefeuchteten Händen 6 Buletten formen und in einer Pfanne im übrigen Öl bei mittlerer Hitze auf jeder Seite etwa 3 Minuten braten. Herausnehmen und auf Küchenpapier abtropfen lassen. Zum Servieren mit dem Kartoffelsalat auf Teller verteilen und mit dem beiseitegelegten Estragon garnieren.

P
S

Sesamkabeljau mit Ofengemüse

Einfach praktisch und unwiderstehlich lecker: Hier brutzeln Kartoffeln und buntes Gemüse gemeinsam mit dem Knusperfisch im Ofen.

Für 2 Personen
Zubereitung: 45 Minuten
Garen: 33 Minuten

Öl für das Blech
3 EL kalt gepresstes Olivenöl extra
1 TL rosenscharfes Paprikapulver
Salz, Pfeffer aus der Mühle
300 g kleine festkochende Kartoffeln (z. B. Drillinge)
200 g Zucchini
je 1 kleine gelbe und rote Paprikaschote
1 rote Zwiebel
2 TL getr. italien. Kräuter
2 Kabeljaufilets (à ca. 160 g; aus dem Mittelstück)
2 EL ungeschälte Sesamsamen
2 TL glutenfreier Dijon-Senf
2 EL gehackte Petersilie

Nährwerte pro Portion: ca. 545 kcal, 38 g EW, 27 g F, 33 g KH, 7 g BST

+ Den Backofen auf 200 °C vorheizen. Ein Backblech mit Öl einfetten. 1 EL Öl mit Paprikapulver, Salz und Pfeffer verrühren. Kartoffeln waschen, trocken tupfen und halbieren. Mit Paprikaöl mischen, auf dem Blech verteilen und im Ofen auf der zweiten Schiene von unten etwa 15 Minuten garen.

+ Inzwischen die Zucchini putzen, waschen und längs halbieren, die Paprika längs vierteln, putzen und waschen. Dann beides in 2 bis 3 cm große Stücke schneiden. Die Zwiebel schälen und in Spalten schneiden. Alles mit übrigem Olivenöl, Kräutern, Salz und Pfeffer mischen. Nach etwa 15 Minuten Garzeit zu den Kartoffeln mit aufs Blech geben und alles im Ofen noch etwa 10 Minuten garen.

+ Währenddessen den Fisch waschen und trocken tupfen, salzen und pfeffern. Den Sesam auf einen Teller geben. Die Fischfilets jeweils auf einer Seite mit 1 TL Senf bestreichen und in den Sesam drücken. Den Fisch mit der Sesamseite nach oben nach weiteren 10 Minuten Garzeit ebenfalls aufs Blech geben und alles im Ofen noch etwa 8 Minuten garen.

+ Zum Servieren Kartoffeln, Fisch und Gemüse aus dem Ofen nehmen, auf Teller verteilen, mit Petersilie bestreuen.

DIE ERNÄHRUNGS-DOCS

Sesam besteht zu 90 Prozent aus ungesättigten Fettsäuren, reichlich Eiweiß und Ballaststoffen. Herausragend ist sein hoher Gehalt an Kalzium – ein wichtiger Mineralstoff für stabile Knochen – und an antioxidativ wirksamem Selen. Kaufen Sie am besten ungeschälten Sesam. Er ist wertvoller als der geschälte helle, weil fast alle Nähr- und Ballaststoffe in der Schale stecken.

Flammkuchen Frutti di Mare

Mediterran belegt: Auf dem herzhaften Quark-Öl-Teig tummeln sich Spitzkohl, Tomaten und Meeresfrüchte und liefern figurfreundliches Eiweiß.

Für 2 Personen
Zubereitung: 25 Minuten
Backen: 15 Minuten

150 g tiefgekühlte Frutti di Mare (Meeresfrüchtemischung; aufgetaut)
200 g kleine Tomaten (mit Rispe)
150 g Spitzkohl
150 g Dinkelvollkornmehl
½ TL Weinsteinbackpulver
Salz
200 g Magerquark
4 EL natives Olivenöl extra
3 EL Schmand (24 % Fett)
Pfeffer aus der Mühle
2 Stiele Basilikum

Nährwerte pro Portion: ca. 620 kcal, 26 g EW, 29 g F, 57 g KH, 9 g BST

+ Den Backofen auf 220 °C vorheizen. Die aufgetauten Meeresfrüchte in einem Sieb kalt abbrausen, gut abtropfen lassen und trocken tupfen. Die Tomaten waschen und in Scheiben schneiden, dabei die Stielansätze entfernen. Den Spitzkohl putzen, waschen und in feine Streifen schneiden.

+ Mehl, Backpulver und ½ TL Salz in einer Rührschüssel mischen. Quark, 3 EL Öl und 3 EL Wasser hinzufügen, alles mit den Knethaken des Handrührgeräts glatt verkneten. Den Teig auf einem Blatt Backpapier möglichst dünn zu einem Fladen ausrollen, samt Backpapier auf ein Backblech ziehen.

+ Den Teigfladen dünn mit Schmand bestreichen, Tomaten und Spitzkohl darauf verteilen, salzen und pfeffern. Zuletzt die Meeresfrüchte locker daraufsetzen und alles mit dem übrigen Öl beträufeln. Den Flammkuchen im Ofen auf der zweiten Schiene von unten 10 bis 15 Minuten goldbraun backen.

+ Zum Servieren das Basilikum waschen, trocken tupfen und die Blätter abzupfen. Den Flammkuchen aus dem Ofen nehmen, halbieren und auf Teller verteilen. Mit den Basilikumblättern garnieren.

DIE ERNÄHRUNGS-DOCS

Meeresfrüchte wie Garnelen, Muscheln und Tintenfische enthalten reichlich Eiweiß, Eisen und obendrein noch viel Jod. Dieses Spurenelement ist wichtig für die Schilddrüsenhormone und den Energiestoffwechsel. Ein Erwachsener braucht pro Tag etwa 200 Mikrogramm Jod – durch 100 Gramm Meeresfrüchte können Sie Ihren Bedarf bereits zu 70 Prozent decken.

Hähnchencurry mit Bohnen

Hähnchen mit Kichererbsen und Bohnen in scharfer Ingwer-Curry-Kokosmilch – ein perfekter Sattmacher und Seelenwärmer für jede Jahreszeit.

Für 2 Personen
Zubereitung: 30 Minuten

1 Zwiebel
20 g Ingwer
1 Knoblauchzehe
2 Möhren
200 g tiefgekühlte grüne Bohnen
200 g Hähnchenbrustfilet
130 g Kichererbsen (aus der Dose)
1 EL natives Kokosöl
1 EL gelbe Thai-Currypaste
200 ml Kokosmilch (aus der Dose)
400 ml glutenfreie Hühnerbrühe
Salz, Pfeffer aus der Mühle
1 EL Limettensaft
½ Bund Koriandergrün

Nährwerte pro Portion: ca. 725 kcal, 48 g EW, 44 g F, 33 g KH, 12 g BST

+ Zwiebel, Ingwer und Knoblauch schälen und fein würfeln. Die Möhren putzen, schälen und schräg in dünne Scheiben schneiden. Die Bohnen antauen lassen und, falls nötig, quer halbieren. Das Fleisch waschen, trocken tupfen und quer in etwa ½ cm dünne Scheiben schneiden. Die Kichererbsen in einem Sieb abbrausen und abtropfen lassen.

+ Das Öl in einem Topf erhitzen und Zwiebel, Knoblauch, Ingwer und Möhren darin bei mittlerer Hitze etwa 3 Minuten andünsten. Die Currypaste dazugeben und kurz mitdünsten. Kokosmilch und Brühe dazugießen, alles aufkochen und offen bei mittlerer Hitze etwa 5 Minuten garen.

+ Dann Bohnen und Fleisch hinzufügen, alles aufkochen und mit geschlossenem Deckel etwa 5 Minuten garen. Die Kichererbsen unterrühren und mit geschlossenem Deckel bei schwacher Hitze weitere 3 Minuten ziehen lassen. Das Curry mit Salz, Pfeffer und Limettensaft abschmecken.

+ Zum Servieren das Koriandergrün waschen, trocken tupfen, die Blätter abzupfen und samt Stielen grob hacken. Das Curry auf Teller verteilen und mit dem Koriandergrün bestreuen. Dazu passt Vollkorn-Basmatireis.

DIE ERNÄHRUNGS-DOCS

Wer nicht komplett auf Fleisch verzichten möchte, liegt mit Hähnchenbrustfilets – am besten in Bio-Qualität – richtig. Sie sind zart, mager sowie fettarm und stecken voller hochwertigem Eiweiß. Reichlich enthaltenes Niacin (Vitamin B_3) hilft bei wichtigen Stoffwechselprozessen. Der hohe Gehalt an Thiamin (Vitamin B_1) sorgt für starke Nerven und ein gutes Gedächtnis.

Putenschnitzel mit Möhrenstampf

Leicht süßlich, herrlich cremig und mit nussigem Crunch: Das Püree als Beilage zu zartem Fleisch in Orangensauce ist ein wahres Wohlfühlgericht.

Für 2 Personen
Zubereitung: 30 Minuten

300 g Möhren
150 g mehligkochende Kartoffeln
1 TL Korianderkörner
3 EL kalt gepresstes Rapsöl
Salz
2 Putenschnitzel (à ca. 150 g)
½ Bio-Orange
Pfeffer aus der Mühle
40 g Cashewkerne
2 EL gehacktes Koriandergrün

Nährwerte pro Portion: ca. 520 kcal, 43 g EW, 26 g F, 25 g KH, 6 g BST

+ Möhren und Kartoffeln putzen, schälen und etwa 1 cm groß würfeln. Die Korianderkörner im Mörser grob zerstoßen und in einem Topf in 1 EL Öl mit Möhren und Kartoffeln 2 bis 3 Minuten andünsten. 200 ml Wasser dazugießen, alles salzen und kurz aufkochen, dann mit geschlossenem Deckel bei schwacher Hitze etwa 20 Minuten garen.

+ Inzwischen das Fleisch waschen, trocken tupfen und mit einem Plattierer flach streichen. Die Orange heiß waschen und abtrocknen, die Schale fein abreiben, den Saft auspressen. Das Fleisch salzen und pfeffern, in einer beschichteten Pfanne in 1 EL Öl auf jeder Seite 2 bis 3 Minuten anbraten, dann herausnehmen. Den Bratsatz mit dem Orangensaft ablöschen, mit Orangenschale, Salz und Pfeffer würzen und kurz aufkochen. Die Schnitzel in der Sauce warm halten.

+ Cashewkerne hacken und in einer Pfanne im übrigen Öl hell rösten. Herausnehmen und abkühlen lassen. Möhren und Kartoffeln abgießen, kurz ausdampfen lassen und im Topf mit dem Stabmixer grob pürieren. Je zwei Drittel der Cashewkerne und des Korianders unter den Stampf heben. Zum Servieren Stampf, Schnitzel und Sauce auf Teller verteilen. Mit übrigen Cashews und Koriander bestreuen.

DIE ERNÄHRUNGS-DOCS

Möhren bieten reichlich Beta-Carotin, das gleich zwei Funktionen hat: Zum einen ist es die Vorstufe zum lebenswichtigen Vitamin A, das Leber- und Hautzellen stärkt und vor Infektionen schützt. Zum anderen bindet der Pflanzenstoff freie Radikale. Damit das Beta-Carotin gut wirken kann, sollte man rohe oder weich gegarte Möhren gut zerkleinern und mit etwas Öl beträufeln.

Rindfleisch-Wok süßsauer

Hier wandern Superfood-Brokkoli, Paprika, Sojabohnen und Rindfleisch in den Wok, damit Sie satt und topfit durch den Tag kommen.

Für 2 Personen
Zubereitung: 35 Minuten

200 g tiefgekühlte Edamame (junge, grüne Sojabohnen)
Salz
250 g Minutensteaks vom Rind (aus der Hüfte)
300 g Brokkoli
1 kleine rote Paprikaschote
4 Frühlingszwiebeln
250 g Ananas
125 ml glutenfreie Gemüsebrühe
1 EL flüssiger Honig
1–2 EL Weißweinessig
2–3 EL glutenfreie Sojasauce (z. B. Tamari)
3 EL helles Sesamöl
Pfeffer aus der Mühle

Nährwerte pro Portion: ca. 600 kcal, 44 g EW, 28 g F, 38 g KH, 13 g BST

+ Die Edamame in kochendem Salzwasser etwa 3 Minuten blanchieren, in ein Sieb abgießen, kalt abschrecken und abtropfen lassen. Inzwischen das Fleisch trocken tupfen und in dünne Streifen schneiden. Brokkoli putzen, waschen und in Röschen teilen, Strunk schälen und würfeln. Paprika halbieren, putzen, waschen und in feine Streifen schneiden. Frühlingszwiebeln putzen, waschen und in dünne Ringe schneiden. Ananas schälen, den Strunk entfernen und das Fruchtfleisch in etwa 1 cm dicke Stücke schneiden. Brühe, Honig, Essig und 2 EL Sojasauce verrühren.

+ Fleisch im Wok in 1 EL Öl bei mittlerer bis starker Hitze unter Wenden etwa 2 Minuten andünsten. Herausnehmen, salzen und pfeffern. Brokkoli im Wok im übrigen Öl unter Rühren 3 bis 4 Minuten andünsten. Paprika und die Hälfte der Frühlingszwiebeln hinzufügen und kurz mitbraten. Ananas und Edamame dazugeben. Die Würzsauce dazugießen und bei schwacher Hitze 1 bis 2 Minuten einkochen lassen.

+ Zum Servieren das Fleisch zum Wok-Gemüse geben und kurz erwärmen, mit der übrigen Sojasauce und Pfeffer würzen. Auf Teller verteilen und mit den restlichen Frühlingszwiebeln bestreuen. Dazu passt Vollkorn-Basmatireis.

DIE ERNÄHRUNGS-DOCS

Brokkoli ist eine echte Nährstoffbombe. Er punktet mit viel Vitamin C und K, enthält reichlich Magnesium und Kalium und ist eine ausgezeichnete Kalziumquelle. Außerdem besitzt er wertvolles Beta-Carotin, das der Haut guttut und die Sehkraft unterstützt, sowie gesunde Senfölglykoside, die antioxidativ wirken und vor Krankheiten wie Krebs schützen sollen.

Kleine Low-Carb-Gerichte

Es wird höchste Zeit für die letzte Mahlzeit des Tages? Dann suchen Sie sich schnell ein Abendessen aus. Wir haben Leichtes wie Salate, Suppen, Gemüse- und Eierspeisen im Angebot, die allesamt mit einer Extra-Portion Eiweiß und sehr wenigen Kohlenhydraten punkten. Der große Vorteil: Die Proteine bringen den Stoffwechsel in Schwung, ohne viel Insulin zu locken. Das kurbelt die Fettverbrennung an – Sie nehmen also im Schlaf ab.

Sommersalat mit Blaubeeren

Als vitaminreicher Snack oder leichtes Abendessen – dank des eiweißreichen Ziegenfrischkäses und der Mandeln bringt Sie dieser Salat satt durch die Fastenstunden.

Für 2 Personen
Zubereitung: 30 Minuten

½ Kopfsalat (ca. 200 g)
125 g Blaubeeren
3 Schalotten
30 g blanchierte Mandeln
2 EL Balsamico bianco
1 TL glutenfreier scharfer Senf
Salz, Pfeffer aus der Mühle
2 EL natives Olivenöl extra
2 EL Walnussöl
1 kleine Knoblauchzehe
100 g Ziegenfrischkäse

Nährwerte pro Portion: ca. 410 kcal, 11 g EW, 34 g F, 11 g KH, 6 g BST

+ Vom Kopfsalat die äußeren Blätter entfernen. Den Salat in die einzelnen Blätter teilen, waschen, trocken schleudern und in mundgerechte Stücke zupfen. Die Blaubeeren verlesen, waschen und trocken tupfen. Die Schalotten schälen und in dünne Ringe schneiden.

+ Die Mandeln grob hacken und in einer Pfanne ohne Fett bei mittlerer Hitze hell rösten. Vom Herd nehmen und abkühlen lassen.

+ Für die Vinaigrette den Essig und 2 EL Wasser mit Senf, Salz und Pfeffer in einer Salatschüssel verquirlen. Oliven- und Walnussöl nach und nach mit einem Schneebesen unterschlagen. Den Knoblauch schälen und dazupressen. Salat, Blaubeeren und Schalotten dazugeben und alles mit der Vinaigrette mischen.

+ Zum Servieren den Salat auf Teller verteilen, den Ziegenkäse zerkrümeln und mit den Mandeln darüberstreuen. Wer den Rohkostanteil erhöhen will, peppt den Salat noch mit 2 grob geraspelten Möhren auf.

DIE ERNÄHRUNGS-DOCS

Ob für Salate, Antipasti oder zum Verfeinern von gedünstetem Gemüse: Natives Olivenöl ist ein Klassiker in der kalten Küche. Da es vor allem einfach ungesättigte Fettsäuren enthält, kann es durchaus bis auf 180 °C erhitzt werden. Allerdings sollten Sie es nicht zum scharfen Anbraten oder Frittieren verwenden. Olivenöl mit der Angabe „nativ extra" ist qualitativ am wertvollsten.

Mangold-Bohnen-Salat mit Halloumi

Da geht Salatfans das Herz auf: Dem Supersattmacher mit roten Bohnen, Tomaten und gebratenem Mangold geben Halloumi-Croûtons zusätzliche Würze.

Für 2 Personen
Zubereitung: 35 Minuten

2 EL Zitronensaft
2 TL flüssiger Honig
Salz, Pfeffer aus der Mühle
½ TL Chiliflocken (Pul Biber)
4 EL natives Olivenöl extra
1 Dose Kidneybohnen (250 g Abtropfgewicht)
250 g Mangold (am besten gelb- und rotstielig)
1 Knoblauchzehe
150 g Cocktailtomaten
2 Frühlingszwiebeln
100 g Halloumi (Grillkäse)

Nährwerte pro Portion: ca. 470 kcal, 20 g EW, 36 g F, 14 g KH, 7 g BST

+ Für das Dressing in einer Salatschüssel Zitronensaft, Honig, Salz, Pfeffer und Chiliflocken mit 2 EL Öl verrühren. Bohnen in einem Sieb abbrausen, abtropfen lassen und untermischen.

+ Den Mangold putzen, waschen und die Blätter von den Stielen schneiden. Die Stiele quer in etwa 1 cm breite Streifen schneiden, die Blätter je nach Größe längs halbieren und in dünne Streifen schneiden. Knoblauch schälen und fein würfeln. Die Mangoldstiele und den Knoblauch in einer Pfanne in 1 EL Öl bei mittlerer Hitze 4 bis 5 Minuten andünsten. Vom Herd nehmen, die Mangoldblätter dazugeben und vorsichtig untermischen, mit Salz und Pfeffer würzen.

+ Die Tomaten waschen und halbieren. Frühlingszwiebeln putzen, waschen und in dünne Ringe schneiden. Beides mit dem Mangold-Mix zu den Bohnen geben und untermischen, den Salat nochmals mit Salz und Pfeffer abschmecken.

+ Den Halloumi trocken tupfen, etwa 1 cm groß würfeln und in einer Pfanne im übrigen Öl bei mittlerer bis starker Hitze 4 bis 5 Minuten goldbraun braten. Zum Servieren den Salat auf Teller verteilen und die Käsewürfel daraufsetzen.

DIE ERNÄHRUNGS-DOCS

Mangold ist ein echter Fitmacher: Mit Magnesium, Kalzium und Natrium stärkt er Gedächtnis, Nerven und Muskeln. Als gute Eisenquelle unterstützt er außerdem den Sauerstofftransport im Blut. Bemerkenswert ist auch sein hoher Gehalt an antioxidativen Pflanzenstoffen (wie Betalainen und Flavonoiden), die helfen, chronischen Entzündungen vorzubeugen.

Spitzkohl-Slaw mit Lupinenfilet

Dieser fein gewürzte Mix aus Gurke, Sellerie und zartem Kohl begeistert nicht nur Veganer. Gebratenes Lupinenfilet setzt dem Ganzen die High-Protein-Krone auf.

Für 2 Personen
Zubereitung: 25 Minuten

½ kleiner Spitzkohl (ca. 300 g)
1 Stange Staudensellerie
2 Mini-Salatgurken (ca. 200 g)
½ Bund Petersilie
1 EL Tahin (Sesampaste)
3 EL Zitronensaft
Salz, Pfeffer aus der Mühle
2 EL natives Olivenöl extra
1 kleine Knoblauchzehe
2 Lupinenfilets (à ca. 100 g; aus dem Bioladen; ersatzweise Tempeh oder geräucherter Tofu)

Nährwerte pro Portion: ca. 430 kcal, 29 g EW, 26 g F, 15 g KH, 11 g BST

+ Den Spitzkohl putzen, waschen, den harten Strunk entfernen und den Spitzkohl in feine Streifen schneiden. Den Sellerie putzen, waschen und in dünne Scheiben schneiden. Die Gurken putzen, waschen und ebenfalls in dünne Scheiben schneiden. Die Petersilie waschen, trocken tupfen, die Blätter abzupfen und fein hacken.

+ Für das Dressing in einer Salatschüssel Tahin, Zitronensaft, 2 EL Wasser, Salz, Pfeffer und 1 EL Öl mit dem Schneebesen glatt verrühren. Den Knoblauch schälen, fein würfeln und untermischen. Kohlstreifen, Sellerie, Gurken und Petersilie hinzufügen und alles gut mischen. Den Spitzkohl-Slaw etwa 10 Minuten ziehen lassen.

+ Inzwischen das Lupinenfilet trocken tupfen und in einer beschichteten Pfanne im übrigen Öl auf beiden Seiten 3 bis 4 Minuten goldbraun braten (Tempeh oder Räuchertofu dazu in Scheiben schneiden). Herausnehmen und in dünne Scheiben schneiden.

+ Zum Servieren den Spitzkohl-Slaw auf Teller verteilen und das Lupinenfilet daraufsetzen.

DIE ERNÄHRUNGS-DOCS

Der zarte, gut bekömmliche Spitzkohl liefert – vor allem roh als Salat – eine gute Dosis Folsäure, mit der wir oft nur schlecht versorgt sind. Folsäure, die zum Vitamin-B-Komplex gehört, ist unabdingbar für Zellteilung und Blutbildung und deshalb vor allem in der Schwangerschaft für eine gesunde Entwicklung des Fötus wichtig.

Harzer Käse mit Beluga-Linsen

Was für ein Käse! Mit schwarz glänzenden Kaviar-Linsen macht der handfeste Harzer hier auf feine Küche – Salat, Apfel und Kresse sorgen für den Frischekick.

Für 2 Personen
Zubereitung: 35 Minuten

50 g Beluga-Linsen
Salz, Pfeffer aus der Mühle
50 ml Apfelsaft (Direktsaft oder naturtrüb)
½ TL ganzer Kümmel
2 EL Apfelessig
2 EL kalt gepresstes Rapsöl
4 Frühlingszwiebeln
1 kleiner Apfel (z. B. Elstar)
200 g Harzer Käse (in Rollen)
1 Mini-Römersalatherz
½ Beet Kresse

Nährwerte pro Portion: ca. 400 kcal, 38 g EW, 12 g F, 30 g KH, 8 g BST

+ Die Linsen in einem Sieb abbrausen, abtropfen lassen und in einem Topf mit Wasser bedeckt mit geschlossenem Deckel bei schwacher Hitze etwa 25 Minuten bissfest garen. Dabei erst am Ende salzen und pfeffern. Anschließend in ein Sieb abgießen, abtropfen und abkühlen lassen.

+ Inzwischen den Apfelsaft mit dem Kümmel in einem kleinen Topf einmal aufkochen, vom Herd nehmen und etwas abkühlen lassen. Dann in einer Salatschüssel mit Essig, Salz, Pfeffer und Öl zu einem Dressing verrühren.

+ Die Frühlingszwiebeln putzen, waschen und in dünne Ringe schneiden. Den Apfel waschen, vierteln, entkernen und klein würfeln. Mit den Frühlingszwiebeln zum Dressing geben. Käserollen jeweils quer in etwa ½ cm dünne Scheiben schneiden. Vom Salat die äußeren Blätter entfernen. Den Salat in die einzelnen Blätter teilen, waschen, trocken schleudern und in mundgerechte Stücke zupfen. Die Kresse vom Beet abschneiden, waschen und trocken tupfen.

+ Zum Servieren Käse und Salat mit den Linsen auf Teller verteilen und mit dem Dressing-Apfel-Mix übergießen, mit der Kresse bestreuen.

DIE ERNÄHRUNGS-DOCS

Mit weniger als 1 Gramm Fett pro 100 Gramm ist Harzer Käse extrem fettarm und gleichzeitig proteinreich (ca. 30 Gramm pro 100 Gramm). Der Sauermilchkäse kann außerdem zur Versorgung mit essenziellen Aminosäuren beitragen, die der Körper zum Beispiel für den Aufbau von Muskeln, Organen, Haut und Haaren und für die Synthese von Stoffwechselprodukten benötigt.

Nuss-Toppings

Sie geben Salaten, Suppen, Bowls und Co. nicht nur Extra-Crunch und Geschmack, sondern pushen auch Ihre Gesundheit: mit hochwertigen Fettsäuren, Mineralstoffen und Spurenelementen wie Kalzium, Magnesium, Eisen, Zink und Kupfer.

RÄUCHERTOFU-NUSS-TOPPING

Für ca. 250 g (8 Portionen): **125 g Haselnusskerne** grob hacken, in einer Pfanne ohne Fett hell rösten, herausnehmen und abkühlen lassen. **150 g geräucherten Tofu** etwa ½ cm groß würfeln, in **2 TL nativem Kokosöl** etwa 3 Minuten braten. Herausnehmen, abkühlen lassen und mit Nüssen, **1 TL getr. Majoran** und **½ TL Pfeffer aus der Mühle** mischen. In Twist-off-Gläsern aufbewahren. Hält sich im Kühlschrank etwa 1 Woche.

Nährwerte pro Portion (à ca. 30 g):
ca. 140 kcal, 5 g EW, 12 g F, 2 g KH, 1,5 g BST

ERDNUSS-ZWIEBEL-MIX

Für ca. 250 g (8 Portionen): **175 g Erdnusskerne** grob hacken und in einer Pfanne ohne Fett hell rösten, herausnehmen und abkühlen lassen. Mit **75 g Röstzwiebeln** (Fertigprodukt), **2 EL Kokosraspeln, 2 TL Currypulver** sowie **1 TL Garam masala** mischen. In Twist-off-Gläsern aufbewahren. Hält sich etwa 1½ Wochen.

Nährwerte pro Portion (à ca. 30 g):
ca. 180 kcal, 8 g EW, 12 g F, 6 g KH, 6 g BST

WALNUSS-CRANBERRY-MIX

Für ca. 250 g (8 Portionen): **100 g Walnusskerne** und **100 g blanchierte Mandeln** grob hacken und in einer Pfanne ohne Fett hell rösten, herausnehmen und abkühlen lassen. **1 Bio-Limette** heiß waschen und abtrocknen, mit dem Sparschäler 2 Schalenstreifen abziehen und in sehr feine Würfel schneiden. **75 g getr. Soft-Cranberrys** grob hacken, mit Nüssen, Mandeln und Limettenschale mischen. In Twist-off-Gläsern aufbewahren. Hält sich etwa 2 Wochen.

Nährwerte pro Portion (à ca. 30 g):
ca. 200 kcal, 5 g EW, 15 g F, 9 g KH, 2 g BST

SESAM-PISTAZIEN-TOPPING

Für ca. 250 g (8 Portionen): **125 g ungeschälten Sesam** in einer Pfanne ohne Fett hell rösten, herausnehmen und abkühlen lassen. **1 Bio-Orange** heiß waschen und abtrocknen, mit dem Sparschäler 2 Schalenstreifen abziehen und in sehr feine Würfel schneiden. **100 g Pistazienkerne** grob hacken. Sesam, Orangenschale und Pistazien mit **1 TL Chiliflocken** (Pul Biber) und **2 TL gemahlenen Kreuzkümmel** mischen. In Twist-off-Gläsern aufbewahren. Hält sich etwa 2 Wochen.

Nährwerte pro Portion (à ca. 30 g):
ca. 170 kcal, 6 g EW, 14 g F, 3 g KH, 3 g BST

Ricottapuffer mit Spinat

Für zitronenwürzige Ricotta-Bratlinge ist zarter Knoblauchspinat der perfekte Begleiter: ein italienisches Dream-Team, an dem man sich gerne satt isst.

Für 2 Personen
Zubereitung: 40 Minuten

2 Eier (Größe M)
150 g Ricotta (mind. 45 % Fett i. Tr.)
2 EL zarte Haferflocken
1–2 EL Dinkelvollkornmehl
50 ml Milch (1,5 % Fett)
30 g geriebener Parmesan
1 TL abgeriebene Bio-Zitronenschale
Salz, Pfeffer aus der Mühle
2 Knoblauchzehen
400 g junger Spinat
3 EL natives Olivenöl extra
2 TL Zitronensaft

Nährwerte pro Portion: ca. 520 kcal, 28 g EW, 36 g F, 19 g KH, 5 g BST

+ Die Eier trennen. Die Eigelbe und den Ricotta in einer Rührschüssel mit Haferflocken, Mehl, Milch, Parmesan und Zitronenschale mit einem Schneebesen glatt verrühren. Den Teig mit Salz und Pfeffer würzen und etwa 10 Minuten ruhen lassen. Inzwischen den Knoblauch schälen und fein würfeln. Den Spinat verlesen, waschen und trocken schleudern, dabei grobe Stiele entfernen. Die Eiweiße mit 1 Prise Salz steif schlagen und unter den Teig heben.

+ Den Backofen auf 100 °C vorheizen. 2 EL Öl in einer großen beschichteten Pfanne erhitzen. Die Hälfte des Teigs in 5 esslöffelgroßen Portionen in die Pfanne setzen und flach drücken. Die Puffer bei mittlerer Hitze auf jeder Seite etwa 5 Minuten goldbraun braten. Herausnehmen und auf einem Teller im Ofen auf der mittleren Schiene warm halten. Aus dem restlichen Teig weitere 5 Puffer braten.

+ Währenddessen Knoblauch in einem Topf im übrigen Öl bei mittlerer Hitze etwa 1 Minute andünsten. Spinat dazugeben und mit geschlossenem Deckel 2 bis 3 Minuten zusammenfallen lassen, mit Salz, Pfeffer und Zitronensaft würzen. Zum Servieren Spinat und Puffer auf Teller verteilen. Nach Belieben die Puffer mit Parmesan bestreuen.

DIE ERNÄHRUNGS-DOCS

Junger Spinat ist hitzeempfindlich und sollte nur kurz gedünstet werden. Dadurch bleibt das Vitamin C in den Blättern erhalten und bringt zusammen mit Mangan, Eisen und Zink den Stoffwechsel auf Trab. Reichlich Magnesium reduziert die Freisetzung der Stresshormone Adrenalin und Cortisol. Die Farbstoffe Beta-Carotin und Lutein fangen freie Radikale ab.

Bunte Gemüse-Frittata

Mediterranes Gemüse, Eier, Kräuter und Parmesan: Mehr braucht es nicht für eine italienische Schlemmerpfanne, die Sie stressfrei vorbereiten und kalt essen können.

Für 2 Personen
Zubereitung: 20 Minuten
Backen: 20 Minuten

40 g Parmesan (am Stück)
1 Knoblauchzehe
6 Zweige Thymian
1 kleine Zucchini (ca. 150 g)
1 kleine rote Paprikaschote
100 g kleine Champignons
125 g Cocktailtomaten
4 Eier (Größe M)
½ TL getr. Oregano
Salz, Pfeffer aus der Mühle
2 EL natives Olivenöl extra

Nährwerte pro Portion: ca. 380 kcal, 26 g EW, 27 g F, 8 g KH, 4 g BST

+ Den Backofen auf 200 °C vorheizen. Den Käse reiben. Den Knoblauch schälen und fein würfeln. Thymian waschen, trocken tupfen, Blätter abzupfen und fein hacken. Zucchini putzen, waschen und in dünne Scheiben schneiden. Paprika vierteln, putzen, waschen und in feine Streifen schneiden. Die Pilze putzen, falls nötig, trocken abreiben und in dünne Scheiben schneiden. Tomaten waschen und halbieren.

+ Eier mit Käse, Knoblauch, Thymian und Oregano kräftig verquirlen, die Masse mit Salz und Pfeffer würzen. Das Öl in einer ofenfesten beschichteten Pfanne (ca. 24 cm Durchmesser) erhitzen und Zucchini, Paprika, Pilze und Tomaten darin bei mittlerer Hitze 2 bis 3 Minuten andünsten. Mit Salz und Pfeffer würzen. Den Eier-Mix darübergießen und die Frittata mit geschlossenem Deckel bei mittlerer Hitze etwa 5 Minuten stocken lassen.

+ Dann die Pfanne offen im Ofen auf der zweiten Schiene von unten weitere 15 bis 20 Minuten stocken lassen (falls sie nicht ofenfest ist, den Griff mit Alufolie umwickeln!). Aus dem Ofen nehmen und sofort servieren. Oder zum Mitnehmen abkühlen lassen, in Stücke schneiden und verpacken.

DIE ERNÄHRUNGS-DOCS

Tomaten sind wahre Vitalstoffbomben: Neben viel Vitamin C für starke Abwehrkräfte stecken in ihnen B-Vitamine, Vitamin E und K sowie jede Menge Mineralstoffe. Vor allem enthalten Tomaten reichlich Lycopin: Der rote Farbstoff wirkt stark antioxidativ, soll vor Krebs- und Herz-Kreislauf-Erkrankungen schützen und hilft dabei, Hautschäden durch UV-Strahlen abzuwehren.

Gemüsenudeln mit Erdnusssauce

Ein Low-Carb-Gruß aus Fernost: Asiatische Weizennudeln werden hier durch Zoodles ersetzt, die kaum Kohlenhydrate, dafür aber Vitamine und Ballaststoffe satt liefern.

Für 2 Personen
Zubereitung: 30 Minuten

3–4 große Möhren (ca. 300 g)
2 kleine Zucchini (ca. 250 g)
½ Bund Koriandergrün
2 EL geröstete Erdnusskerne
10 g Ingwer
1 Schalotte
1 ½ EL kalt gepresstes Rapsöl
200 ml Kokosmilch
1 EL Erdnussmus
1 EL glutenfreie Sojasauce (z. B. Tamari)
½ TL Sambal oelek
Salz, Pfeffer aus der Mühle
1–2 EL Limettensaft

Nährwerte pro Portion: ca. 510 kcal, 12 g EW, 42 g F, 21 g KH, 10 g BST

+ Die Möhren putzen und schälen, die Zucchini putzen und waschen. Beides separat mit dem Spiralschneider in dünne Streifen schneiden. Koriandergrün waschen, trocken tupfen, Blätter abzupfen und fein hacken. Erdnüsse grob hacken.

+ Ingwer und Schalotte schälen, fein würfeln und in einem kleinen Topf in ½ EL Öl bei mittlerer Hitze etwa 2 Minuten andünsten. Kokosmilch und Erdnussmus dazugeben und alles mit Sojasauce und Sambal oelek würzen. Die Sauce aufkochen und unter Rühren bei schwacher Hitze etwa 3 Minuten köcheln lassen. Vom Herd nehmen und mit dem Stabmixer fein pürieren, warm halten.

+ Das restliche Öl in einer großen beschichteten Pfanne erhitzen und die Möhrenstreifen darin bei mittlerer Hitze unter Wenden etwa 2 Minuten andünsten. Die Zucchinistreifen hinzufügen und etwa 1 Minute mitdünsten, salzen und pfeffern. Mit 50 ml Wasser ablöschen und die Gemüsenudeln mit geschlossenem Deckel weitere 2 bis 3 Minuten bissfest garen. Mit Limettensaft würzen.

+ Zum Servieren die Gemüsepasta und die Sauce auf tiefe Teller verteilen, mit Koriander und Erdnüssen bestreuen.

DIE ERNÄHRUNGS-DOCS

Mit etwa 25 Gramm Eiweiß pro 100 Gramm stehen Erdnüsse auf der Rangliste der proteinreichen Nüsse ganz oben. Außerdem sind sie wertvolle Mineralstofflieferanten. Da sie aber auch viel Fett (etwa 50 Prozent) und Kalorien mit sich bringen, sollten Sie lieber zu ungesalzenen Nüssen und 100-prozentigem Erdnussmus greifen und beides auch nur in Maßen essen.

Ayran-Gurken-Kaltschale mit Chili

Herrlich erfrischend: Die kalte Joghurtsuppe mit Gurken, Avocado und Zitrone sorgt beim Löffeln für gute Laune. Zum Mitnehmen einfach in Twist-off-Gläser füllen.

Für 2 Personen
Zubereitung: 20 Minuten
Kühlen: 1 Stunde

2 EL Mandelblättchen
1 Salatgurke (ca. 300 g)
½ reife Avocado
½ Bund Petersilie
1 Knoblauchzehe
1 EL dunkles Mandelmus
2 EL Zitronensaft
1 EL natives Olivenöl extra
½ l Ayran (türk. Joghurtgetränk)
Salz, Pfeffer aus der Mühle
2 TL kalt gepresstes Leinöl
½ TL Chiliflocken (Pul Biber)

Nährwerte pro Portion: ca. 420 kcal, 11 g EW, 34 g F, 14 g KH, 5 g BST

+ Die Mandelblättchen in einer Pfanne ohne Fett hell rösten. Herausnehmen und abkühlen lassen.

+ Gurke waschen und 10 sehr dünne Scheiben abschneiden und zum Garnieren beiseitelegen. Den Rest in grobe Stücke schneiden. Die Avocado ggf. entkernen, das Fruchtfleisch aus der Schale lösen und mit den Gurkenstücken in einen hohen Rührbecher geben. Petersilie waschen, trocken tupfen und einige Blätter zum Garnieren beiseitelegen, den Rest grob hacken. Knoblauch schälen und grob würfeln.

+ Petersilie, Knoblauch, Mandelmus, Zitronensaft und Olivenöl in den hohen Rührbecher dazugeben. Ayran dazugießen und alles erst auf niedriger, dann auf hoher Stufe mit dem Stabmixer pürieren. Die Kaltschale mit Salz und Pfeffer abschmecken und abgedeckt etwa 1 Stunde kühl stellen.

+ Zum Servieren die Kaltschale auf tiefe Teller oder Schalen verteilen. Mit den beiseitegelegten Gurkenscheiben und Petersilienblättern garnieren. Je 1 TL Leinöl darüberträufeln und mit Mandelblättchen und Pul Biber bestreuen.

DIE ERNÄHRUNGS-DOCS

Ayran, das türkische Nationalgetränk, besteht nur aus Joghurt, Wasser und Salz. Als Basis dient vollfetter Schaf- oder Kuhmilchjoghurt mit stark säuernden Kulturen, weshalb Ayran besonders viele wertvolle Milchsäurebakterien enthält. Diese beeinflussen als Probiotika unser Mikrobiom positiv und unterstützen die Verdauung.

Kürbissuppe mit Würzkichererbsen

Knusprige Kichererbsen und Orangenquark als Topping verleihen der fruchtig-süßlichen Suppe dezente Schärfe und einen orientalischen Kick.

Für 2 Personen
Zubereitung: 40 Minuten
Garen: 25 Minuten

150 g Kichererbsen (aus der Dose)
2 ½ EL natives Olivenöl extra
1 TL rosenscharfes Paprikapulver
Salz
1 Zwiebel
300 g Hokkaidokürbis
2 große Tomaten
Pfeffer aus der Mühle
½ l glutenfreie Gemüsebrühe
2 EL Magerquark
½ TL abgeriebene Bio-Orangenschale
1 EL Zitronensaft

Nährwerte pro Portion: ca. 350 kcal, 12 g EW, 20 g F, 25 g KH, 9 g BST

+ Den Backofen auf 180 °C vorheizen. Ein Backblech mit Backpapier belegen. Kichererbsen in einem Sieb abbrausen, abtropfen lassen und trocken tupfen. Mit 1 EL Öl mischen, auf dem Blech verteilen. Im Ofen auf der mittleren Schiene etwa 25 Minuten garen, dabei einmal wenden. Herausnehmen, noch warm mit Paprika und 1 TL Salz würzen.

+ Inzwischen die Zwiebel schälen und fein würfeln. Kürbis waschen, Kerne mit einem Löffel entfernen, Kürbis in 1 bis 2 cm große Stücke schneiden. Tomaten waschen und grob schneiden, dabei Stielansätze entfernen. Zwiebel in einem Topf im übrigen Öl bei mittlerer Hitze andünsten. Kürbis und Tomaten dazugeben und mit Salz und Pfeffer würzen. Brühe dazugießen, alles aufkochen und mit geschlossenem Deckel bei mittlerer Hitze etwa 20 Minuten garen.

+ Währenddessen den Quark mit 2 bis 3 EL Wasser, Salz und Orangenschale glatt rühren. Suppe vom Herd nehmen und im Topf mit dem Stabmixer fein pürieren. Mit Salz, Pfeffer und Zitronensaft würzen. Zum Servieren die Suppe auf Tassen oder tiefe Teller verteilen und die Quarkcreme daraufgeben. Je 2 EL Kichererbsen darüberstreuen, den Rest dazu reichen. Nach Belieben mit Koriandergrün garnieren.

DIE ERNÄHRUNGS-DOCS

Hokkaido ist ein figurfreundliches Supergemüse: Er enthält nur 25 Kalorien pro 100 Gramm, dafür aber viele sättigende Ballaststoffe. Seine Inhaltsstoffe Vitamin E, Beta-Carotin und Kieselsäure schützen die Haut vor vorzeitiger Alterung und unterstützen das Sehvermögen. Dank der enthaltenden Mineralstoffe wirkt der Kürbis zudem sanft entwässernd.

Wirsing mit Kräuterremoulade

Wirsing ist nicht nur wegen seiner gesunden Inhaltsstoffe ein Winter-Lieblingsgemüse. Wenn er mit Zitronenwürze gegart wird, schmeckt er auch unwiderstehlich gut.

Für 2 Personen
Zubereitung: 30 Minuten
Garen: 25 Minuten

1 kleiner Wirsing (ca. 600 g)
3 EL natives Olivenöl extra
1 TL abgeriebene Bio-Zitronenschale
¼ TL frisch geriebene Muskatnuss
Salz
1 Ei (Größe M)
2 Cornichons mit 2 EL Einlegewasser
½ Bund Petersilie
½ Bund Schnittlauch
2 EL Speisequark (20 % Fett)
150 g Naturjoghurt (3,5 % Fett)
Pfeffer aus der Mühle
1 kleiner roter Apfel (z. B. Elstar)

Nährwerte pro Portion: ca. 375 kcal, 16 g EW, 23 g F, 21 g KH, 8 g BST

+ Den Backofen auf 200 °C vorheizen. Ein Backblech mit Backpapier belegen. Den Wirsing putzen, waschen und längs in 6 Spalten schneiden. Den harten Strunk bei jeder Kohlspalte so entfernen, dass die Blätter noch zusammenhängen. Die Kohlspalten nebeneinander auf das Blech legen. Das Öl mit Zitronenschale, Muskatnuss und Salz verrühren, den Wirsing damit beträufeln und im Ofen auf der mittleren Schiene etwa 25 Minuten garen.

+ Währenddessen für die Remoulade das Ei in kochendem Wasser etwa 10 Minuten hart kochen, kalt abschrecken und pellen, dann fein hacken. Die Cornichons abtropfen lassen und sehr fein würfeln. Petersilie und Schnittlauch waschen und trocken tupfen, die Petersilienblätter abzupfen und fein hacken, den Schnittlauch in feine Röllchen schneiden.

+ In einer Schüssel Quark und Joghurt mit 2 EL Gurkeneinlegewasser, Salz und Pfeffer verrühren. Apfel waschen, vierteln, entkernen und klein würfeln. Sofort mit Cornichons und Kräutern unter die Sauce rühren. Zum Servieren den Wirsing aus dem Ofen nehmen und auf Teller verteilen, nach Belieben mit edelsüßem Paprikapulver bestäuben. Remoulade dazu reichen und alles mit gehackten Ei bestreuen.

DIE ERNÄHRUNGS-DOCS

Wirsing ist perfekt für die kalte Jahreszeit: In den krausen Blättern steckt viel Vitamin C, das im Doppelpack mit Vitamin E unsere Immunpower stärkt. Auch zum Abnehmen eignet sich der Kohl: Er liefert viele Ballaststoffe und Eiweiß – beides hält lange satt. Sekundäre Pflanzenstoffe wie Glucosinolate wirken antioxidativ und hemmend auf die Entwicklung einiger Krebsarten.

Ofengemüsesalat mit Bohnen

Sommerliches Gemüseallerlei vom Blech – mit Römersalat, Bohnen und Fetacreme eiweißreich ergänzt. So genussvoll kann Intervallfasten sein!

Für 2 Personen
Zubereitung: 30 Minuten
Marinieren: 15 Minuten
Garen: 20 Minuten
Abkühlen: 30 Minuten

6 Zweige Thymian
1 kleiner Zweig Rosmarin
je 1 kleine gelbe und rote Paprikaschote
1 kleine Zucchini (ca. 150 g)
100 g kleine Kräuterseitlinge
100 g Cocktailtomaten
2 EL Balsamico bianco
Salz, Pfeffer aus der Mühle
3 EL natives Olivenöl extra
1 Römersalatherz
130 g weiße Bohnen (aus der Dose)
100 g Feta (Schafskäse; 45 % Fett i. Tr.)
8–10 Blätter Basilikum

Nährwerte pro Portion: ca. 440 kcal, 20 g EW, 28 g F, 22 g KH, 8 g BST

+ Den Backofen auf 200 °C vorheizen. Ein Backblech mit Backpapier belegen. Thymian und Rosmarin waschen, trocken tupfen, die Blätter bzw. Nadeln abzupfen und fein hacken.

+ Die Paprika vierteln, putzen, waschen und etwa 3 cm groß schneiden. Die Zucchini putzen, waschen und in etwa 1 cm dicke Scheiben schneiden. Die Pilze putzen, falls nötig, trocken abreiben, längs halbieren und in 2 bis 3 cm breite Stücke schneiden. Die Tomaten waschen und halbieren.

+ Essig, Salz, Pfeffer, Kräuter und Öl in einer Schüssel verrühren, das Gemüse und die Pilze darin wenden und etwa 15 Minuten marinieren. Dann alles gleichmäßig auf dem Blech verteilen und im Ofen auf der zweiten Schiene von unten 15 bis 20 Minuten garen. Das Gemüse aus dem Ofen nehmen und etwa 30 Minuten lauwarm abkühlen lassen.

+ Inzwischen den Salat putzen, in einzelne Blätter teilen, waschen, trocken schleudern und in mundgerechte Stücke zupfen. Bohnen in einem Sieb abbrausen und abtropfen lassen. Feta zerkrümeln und mit 3 EL kaltem Wasser in einem hohen Rührbecher mit dem Stabmixer cremig pürieren.

+ Zum Servieren Salat und Bohnen mit dem Ofengemüse in einer Salatschüssel mischen, alles gut mit Salz und Pfeffer abschmecken und auf Teller verteilen. Mit dem Basilikum bestreuen und die Fetacreme dazu reichen.

Kohlrabisalat Waldorf mit Matjes

Der Salatklassiker wird hier sommerlich leicht mit Kohlrabi und Rucola variiert. Dazu milder Matjes – und schon sind Sie wieder munter wie ein Fisch im Wasser.

Für 2 Personen
Zubereitung: 20 Minuten

150 g Naturjoghurt (1,5 % Fett)
3 EL Zitronensaft
Salz, Pfeffer aus der Mühle
1 EL Walnussöl (ersatzweise kalt gepresstes Rapsöl)
1 Kohlrabi (ca. 250 g)
1 kleiner Apfel (ca. 150 g; z. B. Elstar)
50 g Rucola
20 g Walnusskerne
2 EL getr. Soft-Cranberrys
1 Chicorée (ca. 200 g)
4 Matjesfilets (ca. 250 g)

Nährwerte pro Portion: ca. 600 kcal, 27 g EW, 42 g F, 26 g KH, 4 g BST

+ In einer Salatschüssel den Joghurt mit Zitronensaft, Salz, Pfeffer und Öl verrühren. Den Kohlrabi putzen und schälen. Den Apfel waschen, vierteln und entkernen. Kohlrabi und Apfelviertel auf der Gemüsereibe grob raspeln und beides sofort mit dem Joghurtdressing mischen.

+ Den Rucola verlesen, waschen und trocken schleudern, dabei grobe Stiele entfernen. Die Nüsse und die Cranberrys separat grob hacken. Cranberrys ebenfalls mit dem Joghurtdressing mischen und alles nochmals mit Salz und Pfeffer abschmecken. Einige Rucolablätter zum Garnieren beiseitelegen, den Rest unter den Salat mischen.

+ Zum Servieren den Chicorée waschen, putzen, in Blätter teilen und diese grob schneiden. Chicorée und Kohlrabisalat auf Teller verteilen und mit den Walnüssen bestreuen. Je 2 Matjesfilets daneben anrichten und mit den beiseitegelegten Rucolablättern garnieren.

DIE ERNÄHRUNGS-DOCS

Matjes ist reich an wertvollen Omega-3-Fettsäuren sowie an Vitamin D (ca. 25 Mikrogramm pro 100 Gramm). Das Vitamin reguliert den Kalzium- und Phosphathaushalt und damit den Aufbau unserer Knochen. In der sonnigen Jahreszeit bildet der Körper Vitamin D mithilfe von UV-Licht selbst und deckt damit gut 80 Prozent des Tagesbedarfs von mindestens 25 Mikrogramm.

Gegrillte Calamari mit Pak Choi

Gegrillte Calamari und Asia-Gemüse mit Paprika und Pilzen bringen reichlich Eiweiß auf den Teller – und Sie beim Essen in Urlaubsstimmung!

Für 2 Personen
Zubereitung: 40 Minuten
Marinieren: 10 Minuten

300 g kleine Calamari-Tuben (küchenfertig)
½ Bio-Limette
2 EL Olivenöl zum Braten
200 g Mini-Pak-Choi
1 kleine rote Paprikaschote
150 g Austernpilze
4 Stiele Koriandergrün
1 EL natives Olivenöl extra
2 EL glutenfreie Sojasauce (z. B. Tamari)
Salz, Pfeffer aus der Mühle

Nährwerte pro Portion: ca. 350 kcal, 30 g EW, 18 g F, 12 g KH, 7 g BST

+ Die Calamari waschen und trocken tupfen. Die Limette heiß waschen, abtrocknen, die Schale fein abreiben und den Saft auspressen. Beides mit dem Öl zum Braten in einer Schüssel verrühren, die Calamari darin wenden und etwa 10 Minuten marinieren.

+ Inzwischen den Pak Choi putzen, waschen und längs halbieren. Paprika vierteln, putzen, waschen und in feine Streifen schneiden. Die Pilze putzen, falls nötig, trocken abreiben und in mundgerechte Stücke schneiden. Das Koriandergrün waschen, trocken tupfen und die Blätter abzupfen. Das native Olivenöl in einer Pfanne erhitzen und den Pak Choi darin auf der Schnittfläche 1 bis 2 Minuten andünsten. Pak Choi wenden, Paprika und Pilze dazugeben und alles bei mittlerer Hitze noch etwa 5 Minuten garen. Mit Sojasauce ablöschen und mit geschlossenem Deckel warm halten.

+ Inzwischen eine Grillpfanne erhitzen. Die Calamari kurz abtropfen lassen und in der Grillpfanne bei starker Hitze 1 bis 2 Minuten unter Wenden braten. Mit Salz und Pfeffer würzen und mit übriger Marinade ablöschen. Zum Servieren die Calamari samt Sud mit Gemüse und Pilzen auf Teller verteilen und mit den Korianderblättern bestreuen.

DIE ERNÄHRUNGS-DOCS

Gegrillt oder gedünstet – also nicht paniert und frittiert – sind Calamari ein „guter Fang“. Sie liefern wenig Fett und Kalorien bei einem hohen Anteil an Proteinen. Außerdem enthalten sie reichlich Biotin, einen Bestandteil verschiedener Enzyme. Biotin ist für den Stoffwechsel von Amino- und Fettsäuren wichtig und hilft dem Körper, Energiereserven zu aktivieren.

Fisch mit Nusskruste und Gemüse

Unter einer würzigen Nusskruste wird der Fisch im Ofen supersaftig – und macht mit viel Eiweiß und wenig Carbs rundum satt und glücklich.

Für 2 Personen
Zubereitung: 30 Minuten
Garen: 27 Minuten

300 g Möhren
1 Stange Lauch
2 EL natives Olivenöl extra
Salz, Pfeffer aus der Mühle
100 ml glutenfreie Gemüsebrühe
4 Seelachs- oder Rotbarschfilets (à ca. 100 g)
40 g Macadamianusskerne
½ Bio-Limette
30 g Parmesan (am Stück)
20 g weiche Butter
½ TL getr. Thymian
2 EL gehackte Petersilie

Nährwerte pro Portion: ca. 660 kcal, 49 g EW, 43 g F, 15 g KH, 8 g BST

+ Den Backofen auf 200 °C vorheizen, gleichzeitig eine Auflaufform (ca. 20 x 30 cm) auf der mittleren Schiene vorheizen. Die Möhren putzen, schälen, je nach Dicke längs halbieren oder vierteln und schräg in etwa 1 cm breite Stücke schneiden. Lauch putzen, waschen und schräg in 1 bis 2 cm breite Scheiben schneiden. Das Gemüse mit Öl, Salz und Pfeffer mischen, in der heißen Auflaufform verteilen und die Brühe darübergießen. Alles im Ofen auf der mittleren Schiene etwa 15 Minuten garen.

+ Inzwischen den Fisch waschen, trocken tupfen und mit Salz und Pfeffer würzen. Die Nüsse fein hacken. Die Limette heiß waschen, abtrocknen und die Schale fein abreiben, die Limette auspressen. Den Käse fein reiben und mit Butter, Nüssen, Limettenschale und -saft verrühren. Die Masse mit Thymian, Salz und Pfeffer würzen.

+ Die Nussmasse auf den Fischfilets verteilen und fest andrücken, die Filets nach etwa 15 Minuten Garzeit auf das Gemüse in die Auflaufform setzen und alles im Ofen noch weitere 10 bis 12 Minuten garen. Zum Servieren Gemüse und Fisch aus dem Ofen nehmen, auf Teller verteilen und mit Petersilie bestreuen.

DIE ERNÄHRUNGS-DOCS

Die Macadamia gilt als „Königin der Nüsse“. Den Namen hat sie sich verdient, denn sie enthält gesunde Ballaststoffe, Vitamine und jede Menge Mineralstoffe. Die Nüsse haben aber auch viele Kalorien – man sollte sie daher nur in Maßen verzehren. Üppig ist ebenfalls ihr Fettgehalt, allerdings handelt es sich dabei vor allem um günstige ein- und mehrfach ungesättigte Fettsäuren.

Hähnchensalat mit Mandeldressing

Einmal den Akku aufladen, bitte! Der knackige Salat-Mix mit Radieschen bekommt durch gebratenes Hähnchenfilet und Mandelmusdressing ordentlich Eiweißpower.

Für 2 Personen
Zubereitung: 30 Minuten

1 Römersalatherz
1 kleiner Radicchio
1 Möhre
6 Radieschen
1 rote Spitzpaprikaschote
40 g Sprossen (z. B. von Radieschen oder Alfalfa)
60 g dunkles Mandelmus
3 EL Weißweinessig
Salz, Pfeffer aus der Mühle
2 EL natives Olivenöl extra
200 g Hähnchenbrustfilet
1 EL natives Kokosöl
2 EL Kürbiskerne

Nährwerte pro Portion: ca. 540 kcal, 35 g EW, 39 g F, 12 g KH, 5 g BST

+ Von Römersalat und Radicchio die äußeren Blätter entfernen. Den Salat jeweils in die einzelnen Blätter teilen, waschen, trocken schleudern und in mundgerechte Stücke zupfen. Die Möhre putzen, schälen und in feine Stifte schneiden. Die Radieschen putzen, waschen und in dünne Scheiben schneiden. Die Paprika längs halbieren, putzen, waschen und quer in dünne Streifen schneiden. Sprossen in einem Sieb kalt abbrausen und abtropfen lassen.

+ Alle Salatzutaten in eine Salatschüssel geben. Für das Dressing Mandelmus mit Essig, 2 EL Wasser, Salz, Pfeffer und Olivenöl glatt verrühren. Die Salatzutaten mit der Hälfte des Dressings mischen und auf Teller verteilen.

+ Das Hähnchenbrustfilet waschen, trocken tupfen und in ½ cm dünne Scheiben schneiden. Das Kokosöl in einer Pfanne erhitzen und die Hähnchenscheiben darin bei mittlerer bis starker Hitze unter Wenden 4 bis 5 Minuten hell anbraten, salzen und pfeffern.

+ Zum Servieren Fleisch und Kürbiskerne auf dem Salat verteilen. Mit dem restlichen Mandeldressing beträufeln.

DIE ERNÄHRUNGS-DOCS

Der zu den Zichoriengewächsen zählende Radicchio ist eng verwandt mit Chicorée und Endivie. Er enthält den Bitterstoff Lactucopikrin, der die Tätigkeit von Gallenblase und Bauchspeicheldrüse anregt und die Verdauung in Schwung bringt. Mit reichlich Inulin tut Radicchio auch dem Darm gut, denn dieser Ballaststoff ist „Futter“ für viele gesundheitsfördernde Darmbakterien.

Mariniertes Rinderfilet mit Salat

Zartes Rindfleisch mit Rohkost: Die feinen Filetscheiben werden unter dem Grill auf den Punkt gegart und von einem asiatisch gewürzten Salat begleitet.

Für 2 Personen
Zubereitung: 30 Minuten
Gefrieren: 30 Minuten

250 g Rinderfilet (aus dem Mittelstück)
30 g Ingwer
1 rote Chilischote
3 EL helles Sesamöl
3 EL Apfelessig
Salz, Pfeffer aus der Mühle
1 Bund Radieschen
125 g Zuckerschoten
½ Bund Koriandergrün
2 EL geröstete Cashewkerne
3 EL glutenfreie Sojasauce (z. B. Tamari)

Nährwerte pro Portion: ca. 440 kcal, 35 g EW, 26 g F, 14 g KH, 6 g BST

+ Das Rinderfilet trocken tupfen und auf einem Teller im Tiefkühlfach etwa 30 Minuten anfrieren lassen. Inzwischen Ingwer schälen und fein würfeln. Chili längs halbieren, putzen, waschen und fein würfeln. Beides mit Öl verrühren, die Hälfte des Würzöls in einer Salatschüssel mit Essig mischen, salzen und pfeffern. Den Rest für das Fleisch beiseitelegen.

+ Die Radieschen putzen, waschen und in dünne Scheiben schneiden. Die Zuckerschoten putzen, waschen und schräg in feine Streifen schneiden. Das Koriandergrün waschen, trocken tupfen und die Blätter abzupfen. Dann Radieschen, Zuckerschoten und Koriander mit dem Dressing mischen. Die Cashewkerne grob hacken.

+ Den Backofengrill einschalten. Das angefrorene Rinderfilet mit einem großen scharfen Messer in möglichst dünne Scheiben schneiden und auf einer ofenfesten Platte leicht überlappend ausbreiten. Das beiseitegelegte Ingwer-Chili-Öl mit der Sojasauce mischen, das Fleisch damit beträufeln und unter dem Grill auf der obersten Schiene etwa 3 Minuten garen. Zum Servieren das Rinderfilet herausnehmen und auf Teller verteilen, den Salat darauf anrichten und mit den Cashewkernen bestreuen.

DIE ERNÄHRUNGS-DOCS

Magere Fleischsorten wie Rinderfilet oder Rumpsteak enthalten kaum gesättigte Fettsäuren. Außerdem sind sie hervorragende Proteinlieferanten und versorgen den Körper mit hochwertigem Eisen. Dieses Spurenelement wird für die Blutbildung, den Sauerstofftransport und die Bildung verschiedener Enzyme benötigt.

Wochenplan mit 2000 Kalorien

Sie möchten gern etwas für Ihre Gesundheit tun, aber nicht unbedingt abnehmen? Dann genießen Sie pro Tag drei leckere Mahlzeiten, die in Summe etwa 2000 Kalorien ergeben. Sie essen, wann Sie möchten, und fasten dann 16 Stunden.

	1. MAHLZEIT	**2. MAHLZEIT**	**3. MAHLZEIT**
1.	 Beerenhüttenkäse plus 1 Glas Evergreen-Smoothie (Seiten 56, 64), 630 kcal	 Frühlingstopf mit Kohlrabipesto (Seite 100), 790 kcal	 Mangold-Bohnen-Salat mit Halloumi (Seite 126), 470 kcal
2.	 Ziegenkäseomelett mit Avocado plus 1 Scheibe Saatenbrot (Seiten 80, 72), 590 kcal	 Quinoa-Bowl mit Räuchermakrele (Seite 108), 920 kcal	 Ayran-Gurken-Kaltschale mit Chili (Seite 140), 420 kcal
3.	 Blaubeer-Smoothie-Bowl (Seite 52), 590 kcal	 Spargelbratreis mit Cashewkernen (Seite 98), 730 kcal	 Hähnchensalat plus 30 g Sesam-Pistazien-Topping (Seiten 154, 133), 710 kcal

4.

Gemüserührei mit Krabben plus 2 Scheiben Saatenbrot (Seiten 78, 72), 610 kcal

Gefüllte Auberginen plus 30 g Walnuss-Cranberry-Mix (Seiten 102, 133), 830 kcal

Kohlrabisalat Waldorf mit Matjes (Seite 148), 600 kcal

5.

Beerenmüsli nach Bircher Art (Seite 62), 525 kcal

Hähnchencurry mit Bohnen plus 60 g Vollkornreis (Seite 116), 915 kcal

Ricottapuffer mit Spinat (Seite 134), 520 kcal

6.

2 Quinoa-Dinkel-Brötchen plus 120 g italien. Quarkaufstrich (Seiten 74, 76), 600 kcal

Sellerieschnitzel mit Tomaten (Seite 92), 710 kcal

Gemüsenudeln mit Erdnusssauce, 30 g Nuss-Zwiebel-Mix (Seiten 138, 132), 690 kcal

7.

Chia-Mandel-Pudding plus 1 Glas Red Summer Cooler (Seiten 54, 65), 530 kcal

Gemüse-Pasta mit Ricotta plus 30 g Räuchertofu-Nuss-Topping (Seiten 88, 132), 800 kcal

Fisch mit Nusskruste und Gemüse (Seite 152), 660 kcal

Wochenplan mit 1500 Kalorien

Wer abnehmen will, findet hier eine Woche mit täglich zwei oder drei Rezepten aus dem Buch. Wenn Ihre Lieblingsgerichte nicht dabei sind, tauschen Sie die Rezepte aus. Sie müssen dabei nur auf einen ähnlichen Kaloriengehalt achten.

1. MAHLZEIT | **2. MAHLZEIT** | **3. MAHLZEIT**

1.

Sanddorn-Quark-Müsli (Seite 60), 440 kcal

Kürbis-Hirse-Pfanne mit Spinat (Seite 94), 620 kcal

Ofengemüsesalat mit Bohnen (Seite 146), 440 kcal

2.

Herbstlicher Quinoa-Oats-Skyr (Seite 58), 460 kcal

Spaghetti mit Pilz-Bolognese (Seite 90), 550 kcal

Mariniertes Rinderfilet mit Salat (Seite 156), 440 kcal

3.

Hähnchenbrust mit Papaya-Salsa (Seite 82), 310 kcal

2 Portionen Linsen-Dal mit Ofenromanesco plus 60 g Vollkornreis (Seite 104), 1250 kcal

4.

Buchweizen-Cranberry-Porridge (Seite 66), 385 kcal

Lachsbuletten mit Kartoffelsalat (Seite 110), 740 kcal

Bunte Gemüse-Frittata (Seite 136), 380 kcal

5.

2 Portionen Blumenkohl-Tomaten-Pasta (Seite 86), 1060 kcal

Sommersalat mit Blaubeeren (Seite 124), 410 kcal

6.

Mohnpancakes mit Aprikosensauce (Seite 68), 370 kcal

Rindfleisch-Wok süßsauer plus 60 g Vollkornreis (Seite 120), 790 kcal

Kürbissuppe mit Würzkichererbsen (Seite 142), 350 kcal

7.

1 Glas Good Morning Smoothie (Seite 65), 90 kcal

2 Portionen Flammkuchen plus 30 g Sesam-Pistazien-Topping (Seiten 114, 133), 1410 kcal

Sie haben diese Woche Intervallfasten gut geschafft? Dann versuchen Sie mal, noch öfter nur zweimal am Tag zu essen.

Sachregister

Rezeptregister

WAS UNS WICHTIG IST

Uns erreicht immer wieder die Bitte, doch komplett auf Fisch und Fleisch in unseren Ernährungs-Tipps zu verzichten. Wir sind der Meinung, dass sie in Maßen grundsätzlich wertvolle Lebensmittel sein können. Allerdings ist es heute kaum noch möglich, sie mit gutem Gewissen zu konsumieren, da der ganz überwiegende Anteil an Fisch und Fleisch nicht nachhaltig produziert wird. Wir raten dazu, so es dem Einzelnen möglich ist, beim Kauf auf Bio-Qualität und Umweltsiegel zu achten. Außerdem sollten Fisch und Fleisch nur an ein oder höchstens zwei Tagen in der Woche gegessen werden. Es gibt genug Rezepte in diesem Buch, um sich überwiegend vegetarisch zu ernähren.

Die Ernährungs-Docs

Dr. med. Anne Fleck ist seit Jahren anerkannte Expertin auf dem Gebiet der innovativen Ernährungs- und Präventionsmedizin. Die Fachärztin für innere Medizin und Rheumatologie mit besonderer Erfahrung in Naturheilverfahren und orthomolekularer Medizin verfolgt den ganzheitlichen Ansatz, moderne Schulmedizin, Zuwendung und Naturheilkunde effektiv zu kombinieren. Seit 2013 lebt und arbeitet sie im Herzen Hamburgs. Anne Fleck ist Mitglied in internationalen Fachgesellschaften und engagiert sich als Dozentin für moderne Gesundheitsansätze.

Dr. med. Jörn Klasen ist Facharzt für innere Medizin mit Schwerpunkt Magen-, Darm- und Lebererkrankungen, Ernährungsmediziner sowie Arzt für anthroposophische Medizin und Naturheilverfahren. Er kombiniert die konventionelle Medizin mit komplementärmedizinischen Methoden. Über 15 Jahre war er Chefarzt und 10 Jahre stellvertretender ärztlicher Direktor am Asklepios Westklinikum Hamburg. Seit 2015 ist er leitender Arzt des Zentrums für integrative Medizin am Medizinicum Hamburg. Er ist Lehrbeauftragter an der Universität Hamburg, hat Lehraufträge in Athen, Sofia und Zürich und ist Diplom-Heilpädagoge.

Dr. med. Matthias Riedl ist ärztlicher Direktor der von ihm 2008 gegründeten medicum Hamburg MVZ GmbH, die Diabetologie und Ernährungsmedizin mit neun angrenzenden Facharztrichtungen ganzheitlich verbindet. Der Internist, Diabetologe und Ernährungsmediziner ist außerdem als Publizist für Fachzeitschriften und Verlage, Dozent auf internationalen Kongressen und Lehrbeauftragter zweier Universitäten tätig. Im Vorstand des Bundesverbands Deutscher Ernährungsmediziner (BDEM e. V.) engagiert er sich für die Förderung der Ernährungstherapie. Das Magazin „Focus" nahm ihn 2013 in seine Empfehlungsliste „Top-Mediziner" auf.

Dr. med. Silja Schäfer ist Ärztin für Allgemeinmedizin und Ernährungsmedizin und führt eine Schwerpunktpraxis für Diabetes und Ernährung in Kiel. Als ehemalige Leistungssportlerin und Trainerin interessierte sie sich schon früh für gesunde Ernährung. Jetzt als Hausärztin liegt es ihr am Herzen, eine gesunde und gesunderhaltende Ernährungsweise für alle zu ermöglichen. Seit Januar 2020 ergänzt sie das Team der beliebten Ernährungs-Docs im NDR.

© Edel Verlagsgruppe GmbH
Kaiserstraße 14 b
D-80801 München

ISBN 978-3-96584-092-8
3. Auflage 2022

Bildnachweis: Shutterstock: 17, 20, 21, 22, 23, 34, 35, 36, 37, 39, 42, 43, 44, 45, 46; Andreas Sibler: 167; alle anderen Fotos: Claudia Timmann; Illustrationen: Shutterstock

Projektleitung: Kathrin Ullerich
Texte: Franziska Pfeiffer, Antje Brunnabend
Rezepte: Martina Kittler
Lektorat: Kathrin Gritschneder
Covergestaltung: ZERO Werbeagentur, München
Grafische Gestaltung und Satz: Julia Arzberger, Christopher Hammond
Rezeptfotografie: Claudia Timmann
Foodstyling: Claudia Seifert
Porträtfotos: Claudia Timmann
Herstellung: Frank Jansen
Producing: Jan Russok
Druck & Bindung: optimal media GmbH, Röbel

Kurze Wege schonen die Umwelt

Dieses Buch wurde in Deutschland gedruckt

In Zusammenarbeit mit und lizenziert durch nonfictionplanet GmbH, Hamburg

ZS - ein Verlag der Edel Verlagsgruppe
www.zsverlag.de | www.facebook.com/zsverlag

Hinweis

Die Ratschläge in diesem Buch wurden mit größter Sorgfalt von Autoren und Verlag erarbeitet und geprüft. Eine Garantie kann jedoch nicht übernommen werden. Ebenso ist eine Haftung der Autoren bzw. des Verlags und seiner Beauftragten für Personen-, Sach- oder Vermögensschäden ausgeschlossen. Erkrankungen mit ernstem Hintergrund gehören in ärztliche Behandlung! Bei bereits bestehenden Beschwerden kann das Buch daher keinen fachärztlichen Rat ersetzen.